Persian One

Sorour Afrazeh Dundon

MTO ® PUBLICATIONS

MTO PUBLICATIONS ®

Published in Great Britain in 2008 by
M.T.O. Shahmaghsoudi ®

Persian One

by

Sorour Afrazeh Dundon

Printed in China
ISBN: 978-190491607-9

First Edition: September 2008
A catalogue record of this book is available
from the British Library

www.mto.org

Contents

In the name of God

The publication of this book has been made possible with the generous support of the MTO Shahmaghsoudi's chairman Professor Nader Angha, to whom this book is dedicated.

Preface

Preface

In order to write this book two systems of teaching - traditional and communicative - have been taken into consideration. Based on my teaching experience, this book introduces a new approach in relation to teaching systems.

Traditional teaching is based on teaching the script and using a few sentences without any dialogue or applying the grammar to real life situations.

Communicative teaching methods, which cover the skills of reading, writing, listening and speaking, are fairly well recognized.

In this book emphasis is on communicative teaching. During my teacher-training course in London I found it difficult to teach speaking skills at the same time as reading and writing. While focusing on the speaking skills I was advised to start with the Roman script and teach the alphabet at the same time and then gradually move to the Persian script. Students were happy with this arrangement and maintained a steady learning pace of the new language. However, problems began to arise when after six lessons using the Roman script we then moved to use only the Persian script.

This was really not easy for some students, and from then on many felt that they were losing interest in the programme.

Many years of experience have enabled me to teach the script and the syllabus at the same time, and this book is based on this new method.

For example, by lesson two students learn 11 letters to cover the first syllabus entitled 'Greeting'. This enables the students to read, write and speak only after a couple of lessons, by lesson five we finish the alphabet.

I have used this method in class and the results have been remarkable. After five lessons students could read and write simple sentences and cover several areas of speaking.

The importance of using colours and pictures in a book of this nature became clear to me in the course of my lessons and everyday teaching in the classroom.

Studying this book will enable you to read and write in Persian and to get around in Iran.

I would like to thank the IT group at the MTO Publications, my colleagues at the School of Oriental and African Studies (SOAS), University of London, MTO College and all my students.

Sorour Afrazeh Dundon
30 September 2007

Introduction

Introduction

The Persian language known in Iran as Farsi, is one of the most widely spoken Iranian branch of the Indo-Iranian languages, a subfamily of the Indo-European languages. It is the language of Iran and is also widely spoken in Afghanistan and, in an archaic form, in Tajikistan and the Pamir Mountain region.

Although Persian is now spoken primarily in Iran and Afghanistan, it was once a more widely understood language in an area ranging from the Middle East to India. Significant populations also spoke the language in other Persian Gulf countries (Bahrain, Iraq, Oman, the People's Democratic Republic of Yemen, and the United Arab Emirates), as well as in large communities throughout the world.

Three phases may be distinguished in the development of Iranian languages: Old, Middle, and Modern.

Old Iranian is represented by Avestan and Old Persian. Avestan, spoken in the north-east of ancient Persia, is the language of the Avesta, the sacred scriptures of Zoroastrianism. Except for scriptural use, Avestan has elapsed.

"Persia was one of the greatest empires of the ancient world, and has long maintained a distinct cultural identity within the Islamic world by retaining its own language and adhering to the Shia interpretation of Islam."(BBC-Country Profile-Iran).

Persian is a member of the Iranian branch of the Indo-Iranian language family; it is the official language of Iran. It is most closely related to Middle language of the Saseman Empire in the region of Fars (Persia) in South west Iran. Modern Persian is thus called Farsi by native speakers. Written in Arabic characters, modern Persian also has many Arabic loanwords and an extensive literature.

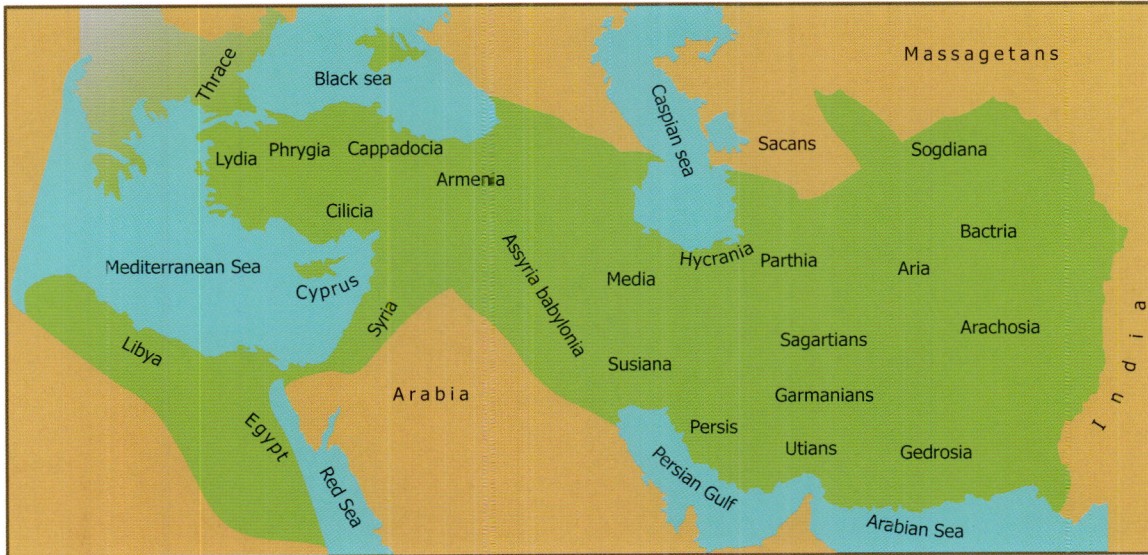

دریای خزر

تبریز اردبیل
ارومیه
مهاباد زنجان رشت
قزوین
سنندج
همدان
کرمانشاه قم
ایلام اراک
خرّم آباد
اصفهان شهر کرد دزفول
اهواز
خرّمشهر
آبادان
یندر بوشهر
خلیج فارس
شیراز

گرگان بندر ترکمن
ساری
سمنان
مشهد سرخس
کاشان
یزد
بیرجند
کرمان زاهدان
بـم
بندر عباس
چابهار
دریای عمان

Iran (Persia)

Population: 72 million
Capital: Tehran
Area: 1.65 million sq km (636,313) sq miles
Major language: Persian
Major religion: Islam
Monetary unit: Iranian rials (10 rials = 1 Toman)
Main exports: Petroleum, carpets, agricultural products
Internet domain: .ir
International dialling code: 0098

Persian.	پارسى ، فارسى
Spoken in:	Iran, Afghanistan, Tajikistan and also in parts of neighbouring countries (e.g. Uzbekistan, Pakistan, Iraq, Azerbaijan and Georgia)
Region:	Middle East, Central Asia
Language family:	Indo-European Indo-Iranian Iranian
Official Status	
Official language of:	Iran, Tajikistan (as Tajik), Afghanistan (as Dari)

1

دَرسِ یِک

Lesson One

The Persian Alphabet

The Persian alphabet is written from right to left and has a total of thirty-two letters.

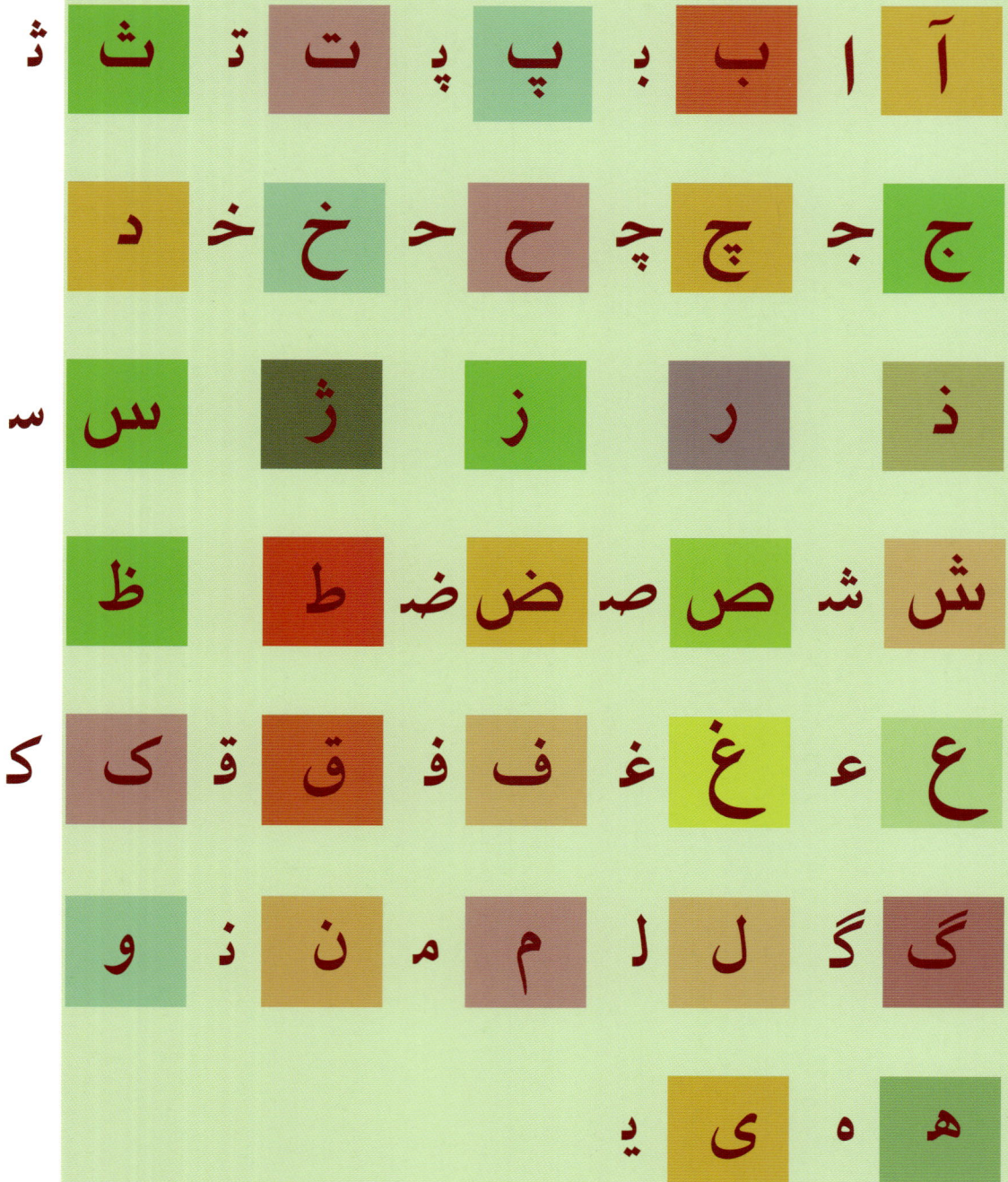

آ ا ب بـ پ پـ ت تـ ث ثـ

ج جـ چ چـ ح حـ خ خـ د

ذ ر ز ژ س سـ

ش شـ ص صـ ض ضـ ط ظ

ع عـ غ غـ ف فـ ق قـ ک کـ

گ گـ ل لـ م مـ ن نـ و

ه هـ ی یـ

1. The Alphabetic Order.

	Form	Name	Sound	Form	Name
s	صـ ص	صاد	ā,a,e,o	آ ا	اَلِف
z	ضـ ض	ضاد	b	بـ ب	ب
t	ط	طا	p	پـ پ	پ
z	ظ	ظا	t	تـ ت	ت
a’	عـ ـعـ ـع ع	عین	s	ثـ ث	ث
gh	غـ ـغـ ـغ غ	غین	j	جـ ج	جیم
f	فـ ف	ف	ch	چـ چ	چ
q	قـ ق	قاف	h	حـ ح	ح
k	کـ ک	کاف	kh	خـ خ	خ
g	گـ گ	گاف	d	د	دال
l	لـ ل	لام	z	ذ	ذال
m	مـ م	میم	r	ر	ر
n	نـ ن	نون	z	ز	ز
o-v,o,w,v	و	واو	zh	ژ	ژ
h,e,a	هـ ـهـ ـه ه	ه	s	سـ س	سین
y,i,ey	یـ ی	ی	sh	شـ ش	شین

2. Nine letters have one shape.

ا – د – ذ – ر – ز – ژ – ط – ظ – و

3.Twenty letters have two shapes.

ب – پ – ت – ث – ج – چ – ح
خ – س – ش – ص – ض – ف
ق – ک – گ – ل – م – ن – ی

4.Three letters have four shapes.

ع – غ – ه

5. Most letters are connected to one another.

گُفتَن – نِشَستَن – میز – صَندَلی – تِلِفُن

6.There are twenty-five letters which can be connected on both sides.

ب – پ – ت – ث – ج – چ – ح – خ – س – ش – ص
ض – ط – ظ – ع – غ – ف – ق – ک – گ – ل – م
ن – ه – ی

7. The other seven letters that can only be connected on the right side.

ا – د – ذ – ر – ز – ژ – و

The Persian Vowel

8. Persian Vowels.

There are two groups of vowels in Persian.

Group one:
Short vowels are written as signs. These are combined with the letter. These signs are normally placed above or below the letter.

Group two:
Long vowels are made of three normal letters.

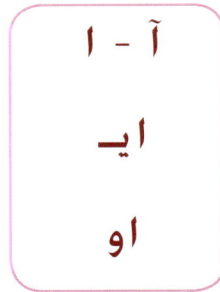

آ - ا

ايـ

او

Example:

آن - اين - او

ســا م - ســی - ســو ت

ه - as a vowel

ه - as a last letter has three sounds.
It can sound as ﹷ or ﹷ or the letter ه .

Example:			Sound
Yes	/bale/	بَلِه	e
No	/na/	نَه	a
Ten	/dah/	دَه	h

2

دَرسِ دو
Lesson Two

Greeting 1
What is your name?

Vocabulary	لُغات
They	آنها/ایشان
He / She	او
Is	اَست
Name	اِسم
You	تو
What	چی
Hello	سَلام
You	شُما
Glass	شیشه
I	مَن
We	ما
Swim	شِنا
Fish	ماهی
Hair	مو

Personal Pronouns

I	مَن
You	تو
He/She	او
We	ما
You	شُما
They	آنها/ایشان

Sentence Structure

The verb in Persian comes at the end of the sentence.

Subject + Object + Verb = Sentence

آ ا ی یـ و س سـ ل لـ

م مـ ن نـ ت تـ ش شـ چ چـ

هـ ـهـ ـه ه

Persian Vowels.
There are two groups of vowels in Persian.

Group one:
Short vowels are written as signs. These are combined with the letter. These signs are normally placed above or below the letter.

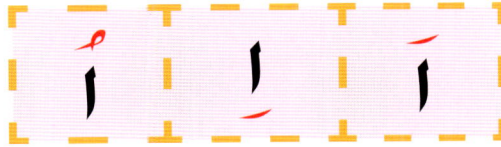

اَ اِ اُ

Group two:
Long vowels are made of three normal letters.

آ ایـ او

Example:

آن - این - او

سام - سی - سوت

ه - as a vowel

ه - as a last letter has three sounds.
It can sound as ـِ or ـَ or the letter ه .

Example:			**Sound**
Yes	/bale/	بَلِه	e
No	/na/	نَه	a
Ten	/dah/	دَه	h

1. Listen to Sam and Nima.

سَلام.
اِسمِ مَن سام اَست. اِسمِ شُما چی اَست؟

سَلام. اِسمِ مَن نیما اَست.

2. Pair work.

۱ - اِسمِ مَن سالی اَست. اِسمِ شُما چی اَست؟
اِسمِ مَن سام اَست.

۲ - اِسمِ او چی اَست؟
اِسمِ او سام اَست.

۳ - اِسمِ تو چی اَست؟
اِسمِ مَن سالی اَست.

سَلام،
اِسمِ مَن سام اَست.

سَلام،
اِسمِ مَن سالی اَست.
اِسمِ شُما چی اَست؟

3. Fill in the blanks.

سَلام،
.... مَن سالی اَست.
اِسمِ .... چی اَست؟
اِسمِ .... سام اَست.

سَلام،
اِسمِ .... نیما اَست.
اِسمِ شُما .... اَست؟
.... مَن سالی اَست.

4. Put the following in order.

١ – مَن اَست اِسمِ سام ....

۲ – اَست اِسمِ شُما نیما؟ ....

۳ – چی شُما اَست اِسمِ؟ ....

۴ – اَست اِسمِ سالی او ....

۵ – آنها اِسمِ اَست چی؟ ....

The genetive link "Ezafe" is formed by linking an ـِـ sound to any noun.

My name is Sam. اِسمِ مَن سام اَست.

If the last letter in the word is a long vowel ی comes as a helper for the pronunciation.

If the last letter in the word end with ه , this sign ء goes above the ه and sounds ی .

شِنا	+	ی	←	شِنایِ
مو	+	ی	←	مویِ
ماهی	+	ی	←	ماهیِ
شیشه	+	ۀ	←	شیشۀ

5. Join the letters.

سَلام		م	ا	ل	سَ
			م	س	اِ
				ن	مَ
			م	ا	س
			ا	م	شُ
				ی	چ
			ت	س	اَ
		ا	م	ی	ن
		ی	ل	ا	س
				و	ت
				ا	م
	ن	ا	ش	ی	ا

6. Separate the letters.

سَلام	سَ	ل	ا	م	
اِسم					
مَن					
سام					
شُما					
چی					
اَست					
نیما					
سالی					
تو					
ما					
ایشان					

7. Homework: Rewrite the words on this page 5 times.

3

دَرسِ سِه
Lesson Three

Greeting 2
What is your family name/ your telephone number ?

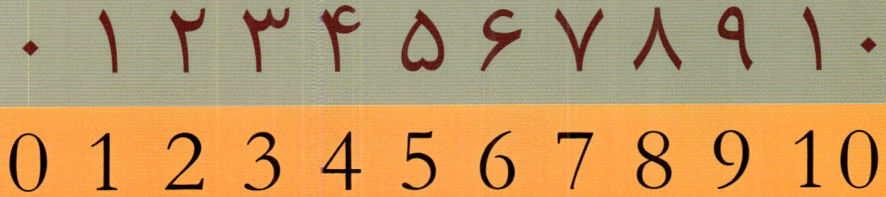

خـ	خ	حـ	ح	فـ	ف
قـ	ق		ر	بـ	ب

٠	١	٢	٣	۴	۵	۶	٧	٨	٩	١٠
0	1	2	3	4	5	6	7	8	9	10

Vocabulary	لُغا ت
Telephone	تِلِفُن
Nice to meet you	خوشوَقتَم
Surname	فا میلی

1. Read, listen and repeat.

A : سَلام،

فامیلیِ مَن رَسولی اَست. فامیلیِ شُما چیست؟

B : سَلام،

فامیلیِ مَن تِهرانی اَست. خوشوَقتَم.

A : تِلِفُنِ شُما چیست؟

B : تِلِفُنِ مَن ۰۲۰۸۴۳۶۴۵۹۷ اَست.

What is → What's	چی + اَست ← چیست
	What's Is What

2. Read, listen and repeat.

A : سَلام،

B : سَلام،

A : اِسمِ مَن مینا اَست. اِسمِ شُما چیست؟

B : اِسمِ مَن سام اَست. سام اِسمیت.

B : فامیلیِ شُما چیست؟

A : فامیلیِ مَن حَسَنی اَست.

3. Listen to Mina.

اِسمِ مَن مینا اَست. فامیلیِ مَن حَسَنی اَست.
تِلِفُنِ مَن ۰۲۰۸۴۷۵۹۳۶ اَست.

4. Pair work.

A : اِسمِ او چی اَست؟
B : اِسمِ او مینا اَست.
A : فامیلیِ او چی اَست؟
B : فامیلیِ او حَسَنی اَست.
A : تِلِفُنِ او چی اَست؟
B : ۰۲۰۸۴۷۵۹۳۶

5. Complete the sentences.

سَلام،
اِسمِ شُما ....؟
اِسمِ مَن .... اَست. اِسمِ .... چیست؟
.... شُما چیست؟
فامیلیِ مَن اِسمیت ....
تِلِفُنِ شُما چیست؟
تِلِفُنِ مَن .... اَست.

4

دَرسِ چهار
Lesson Four

Greeting 3
How are you?

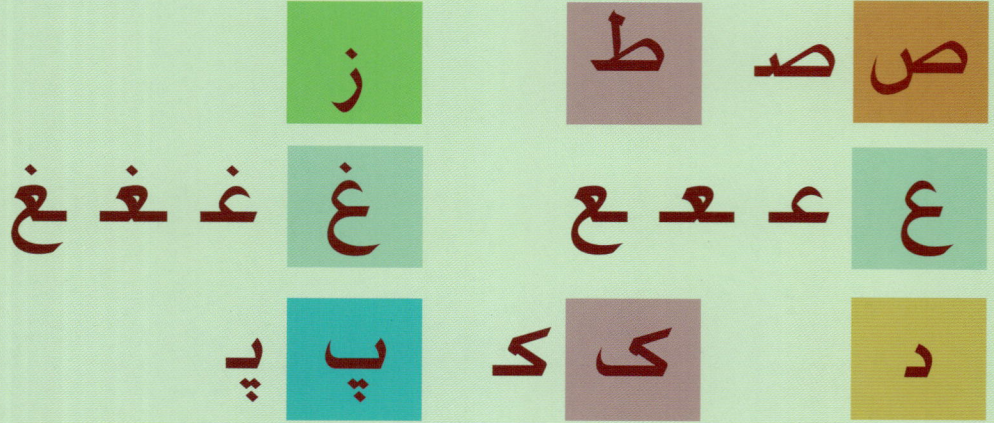

ص صـ ط ز

ع عـ ـعـ ـع غ غـ ـغـ ـغ

د ک کـ پ پـ

Vocabulary	لُغات
Address	آدرِس
Excuse me	بِبَخشید
House number	پِلاک
How	چِطور
Health / state	حال
Fine / good	خوب
Road / street / avenue	خیابان
Good day	روز بِخیر
Good morning	صُبح بِخیر
Good evening	عَصر بِخیر
Small road / street	کوچه
Thank you	مِرسی
I am	هَستَم

صُبح بِخیر.

صُبح بِخیر.

1. Read and listen to Mina and Payam.

روز بِخیر، مَن پیام عارِفی هَستَم. 1

روز بِخیر، مَن مینا غَفوری هَستَم. 2

خوشوَقتَم. 3

حالِ شُما چِطور اَست؟ 4

خوب هَستَم، حالِ شُما چِطور اَست؟ 5

خوب هَستَم، مِرسی. 6

2. **Read and listen to Sally and Nima.**

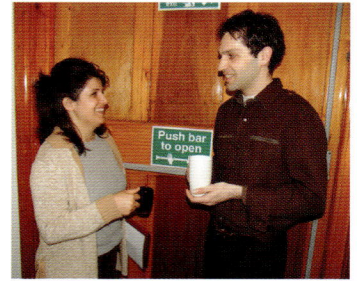

ن : عَصر بِخیر، اِسمِ شُما چیست؟

س: عَصر بِخیر، اِسمِ مَن سالی اَست. اِسمِ شُما چیست؟

ن : اِسمِ مَن نیما اَست. فامیلیِ شُما چیست؟

س: فامیلیِ مَن اِسمیت اَست. حالِ شُما چِطور اَست؟

ن : خوب هَستَم مِرسی. حالِ شُما چِطور است؟

س: خوب هَستَم مِرسی. بِبَخشید، تِلِفُنِ شُما چی اَست؟

ن : تِلِفُنِ مَن ۰۲۰۸۹۵۷۸۴۷۳ اَست.

س: آدرسِ شُما چیست؟

ن : تِهران، خیابانِ رُز، کوچهٔ یاس، پِلاکِ ۷۴۱ .

Exercise 1:
3. **Complete the sentences.**

۱ - صُبح بِخیر، اِسمِ مَن سالی ....

۲ - صُبح .... ، اِسمِ .... نیما اَست.

۳ - حالِ شُما .... اَست؟

۴ - خوب ....

۵ - بِبَخشید، تِلِفُنِ شُما .... ؟

۶ - تِلِفُنِ مَن .... اَست.

Exercise 2:
4. Talk to the other students and fill in the form below.

اِسـم ....

فامیلی ....

آدرس ....

تِلِفُن ....

اِسـم ....

فامیلی ....

آدرس ....

تِلِفُن ....

اِسـم ....

فامیلی ....

آدرس ....

تِلِفُن ....

۲۰	۱۹	۱۸	۱۷	۱۶	۱۵	۱۴	۱۳	۱۲	۱۱
20	19	18	17	16	15	14	13	12	11
بیست	نوزده	هجده	هفده	شانزده	پانزده	چهارده	سیزده	دوازده	یازده

Verb Structure

All the verbs have the same ending in Persian. The simple present is formed by adding personal endings to the present stem of that verb.

The Simple Present of the verb 'to be' - هَست

Personal Endings + هَست

مَن		ـَـ م	مَن	هَستَم	I am
تو		ی	تو	هَستی	You are (Singular)
او			او	هَست	He / She is
ما	هَست +	یم	ما	هَستیم	We are
شُما		ید	شُما	هَستید	You are (Plural)
آنها		ـَـ ند	آنها	هَستَند	They are

5. Join the letters.

آدرِس						س	رِ	د	آ
				د	ی	ش	خ	بَ	بِ
						ک	ا	ل	پِ
						ر	و	ط	چِ
							ل	ا	ح
							ب	و	خ
				ن	ا	ب	ا	ی	خ
			ر	ی	خ	بِ	ز	و	ر
			ر	ی	خ	بِ	ح	ب	صُ
			ر	ی	خ	بِ	ر	ص	عَ
						ه	چ	و	ک
						ی	س	ر	مِ
						م	تَ	س	هَ

6. Separate the letters.

آدرِس	آ	د	رِ	س					
بِبَخشید									
پِلاک									
چِطور									
حال									
خوب									
خیابان									
روز بِخیر									
حال									
عَصر بِخیر									
کوچه									
مِرسی									
هَستَم									

5

دَرسِ پَنج
Lesson Five

Nationality
Where are you from ?

ظ | ج ج
ض | ژ
گ | ذ
ث ث

شُما اَهلِ کُجا هَستید؟

Where are you from?

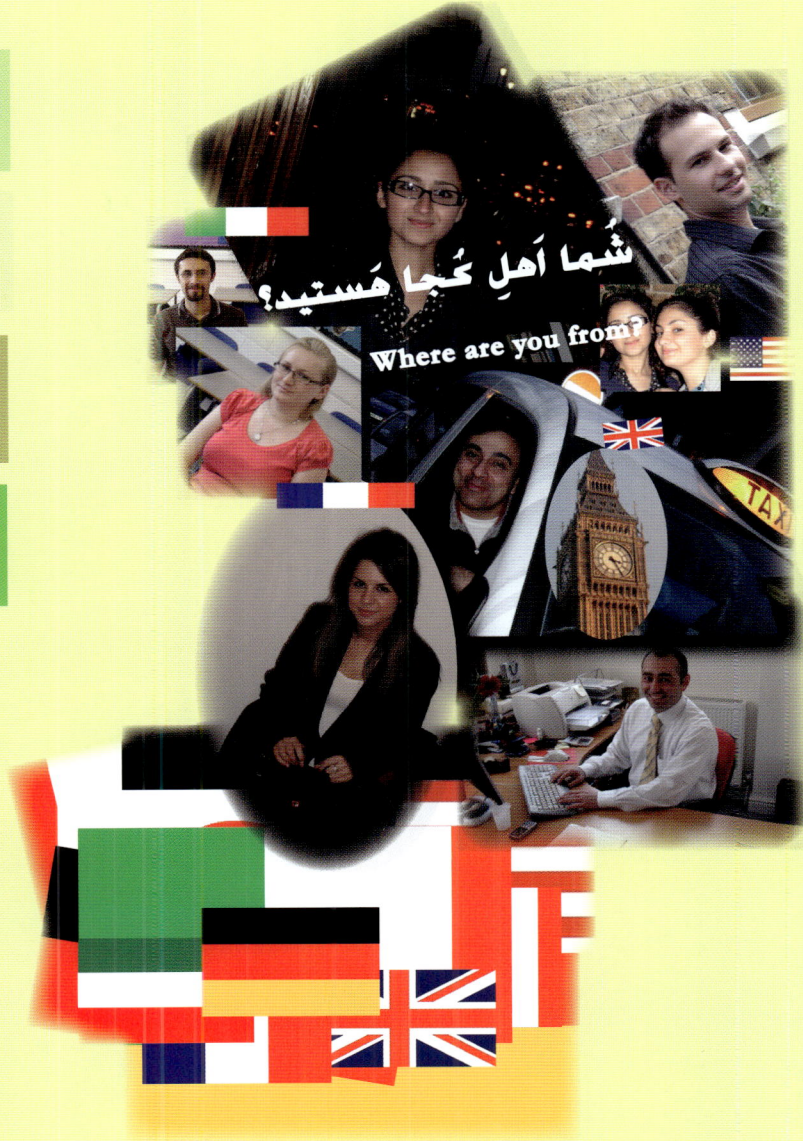

ایران – ژاپُن – ایتالیا – اِنگِلِستان – آمریکا – فَرانسه – آلـمان

Vocabulary	لُغات
Germany	آلـمان
America	آمریکا
American	آمریکایی
Master/professor/lecturer	اُستاد
England	اِنگِلستان / اِنگلیس
From	اَهل / اَز
Italy	ایتالیا
Iran	ایران
Hospital	بیمارِستان
Tehran	تِهران
Student	دانِشجو
University	دانِشگاه
In / door	دَر
Doctor	دُکتُر
Language	زَبان
Japan	ژاپُن
Persian	فارسی
France	فَرانسه
French	فرانسَوی
Where	کُجا
Country	کِشوَر
Centre	مَرکَز
Also	هَم
And	و
But	وَلی

1. Read and Listen.

شُما اَهلِ کُجا هَستید؟

A: مَریَم شُما اَهلِ کُجا هَستید؟

B: مَن اَهلِ ایران هَستَم. شُما اَهلِ کُجا هَستید؟

A: من اَهلِ ژاپُن هَستَم.

A: لورا شُما اَهلِ کُجا هَستید؟

B: مَن اَهلِ ایتالیا هَستَم. شُما اَهلِ کُجا هَستید؟

A: مَن اَهلِ اِنگِلِستان هَستَم.

2. Listen about Tom.

A: تام اَهلِ کُجا اَست؟

B: او اَهلِ آمریکا اَست. شُما اَهلِ کُجا هَستید؟

A: مَن اَهلِ فرانسه هَستَم.

3. Pair work.

A: اِسمِ شُما چیست؟

B: مینا.

A: شُما اَهلِ کُجا هَستید؟

B: مَن اَهلِ ایران هَستَم.

4. Pair work.

A: فردریک اَهلِ کُجا هَستی؟

B: مَن اَهلِ آلمان هَستَم.

5. Complete the sentences.

۱ - شُما اَهلِ .... هَستید؟

۲ - مَن اَهلِ .... هَستَم.

۳ - .... اَهلِ کُجا اَست؟

۴ - تو .... کُجا هَستی؟

۵ - آنها اَهلِ کُجا ....؟

6. Read the text.

مارک وَ سارا باخ دَر تِهران هَستَند. مارک اَهلِ آلمان اَست. سارا اَهلِ ایران اَست. مارک دُکتُر اَست. بیمارستانِ او دَر مَرکَزِ تِهران اَست. سارا اُستادِ زَبانِ فارسی اَست. دانِشگاهِ او هَم دَر مَرکَزِ تِهران اَست.

7. Complete the sentences.

۱ - مارک اَهلِ .... اَست؟

۲ - مارک .... اَست.

۳ - بیمارستانِ او دَر .... تِهران اَست.

۴ - سارا اَهلِ .... اَست.

۵ - سارا اُستادِ .... فارسی اَست.

۶ - دانِشگاهِ او دَر مَرکَزِ .... اَست.

8. Read about David and answer the questions.

اين ديويد اَست. او اَهلِ آمريكا اَست. او دَر اِنگِلستان اَست.
او دانِشجو اَست. اِسمِ دانِشگاهِ او تايمز اَست.

۱ – اِسمِ او چيست؟ ....

۲ – او اَهلِ كُجاست؟ ....

۳ – ديويد دَر كُجاست؟ ....

۴ – او دانِشجو اَست؟ ....

۵ – اِسمِ دانِشگاهِ او چيست؟ ....

9. Write about Maria.

اِسم: ماريا
فاميلی: سالوادُر
كِشوَر: ايتاليا
آدرِس: ايتاليا، رُم، خيابان فِرانكو، پِلاكِ ۲۳
تِلِفُن: ۰۰۳۹۷۵۴۳۹۹۱۲۳۷

اين ماريا اَست ....

....

10. Read and complete the sentences.

این ژولیت اَست. فامیلی او راسِل اَست. او فَرانسَوی اَست. وَلی او دَر آلمان اَست. آدرِسِ او خیابانِ روسو. پلاکِ ۴۶ است. تِلِفُنِ او ۰۰۴۹۳۳۰۵۴۱۲۹۸۵ اَست.

۱ – اِسم او .... اَست.

۲ – فامیلی او راسِل ....

۳ – او .... کُجاست؟

۴ – ژولیت دَر .... اَست.

۵ – آدرِسِ او ...... روسو .... ۴۹ ....

۶ – .... او ۰۰۴۹۳۳۰۵۴۱۲۹۸۵ اَست.

11. Short answers.

اِسمِ مَن سارا وَ فامیلی مَن اِسمیت اَست. مَن آمریکایی هَستَم.
آدرِسِ مَن آمریکا، نیویورک،خیابانِ روزولت، پلاکِ ۴۶ اَست.

اِسمِ او دیوید اَست؟
نَه، نیست.
فامیلی او اِسمیت اَست؟
بَله، هَست.
او ایرانی اَست؟..............................
آدرِسِ او دَر ایران اَست؟......................

12. Make the necessary corrections in the following sentences.

۱ – مَن اَهلِ آمریکا هَستی ....
۲ – اَهلِ هَستی تو کجا؟ ....
۳ – شُما فَرانسَوی هَست؟ ....
۴ – اِنگِلستان اَست او اَهلِ ....
۵ – آنها فَرانسَوی هَستَم ....

13. Homework: Write about yourself.

Negative Simple Present

Simple Present in the negative (form) of verb 'to be'/ نیست :

I am not	مَن نیستَم
You are not (singular)	تو نیستی
He/She is not	او نیست
We are not	ما نیستیم
You are not (plural)	شُما نیستید
They are not	آنها نیستَند

Nationality

The country + "ee" ⟶ nationality e.g. Iranian

ایران + ی ⟵ ایرانی

اِنگِلیس + ی ⟵ اِنگِلیسی

If the last letter in the word is a long vowel, add an ی before the next letter.

ایتالیا + ی + ی ⟵ ایتالیایی

آمریکا + ی + ی ⟵ آمریکایی

French is an exception as ه changes to و and then takes ی.

فَرانسه

فَرانس + و + ی ⟵ فَرانسَوی

14. Join the letters.

کِشوَر						ر	وَ	ش	کِ
					ن	ا	ر	ی	ا
						ن	پُ	ا	ژ
			ا	ی	ل	ا	ت	ی	ا
		ن	ا	ت	س	لِ	گِ	ن	اِ
				ا	ک	ی	ر	م	آ
				ه	س	ن	ا	ر	فَ
					ن	ا	م	ل	آ
							ل	ه	اَ
								ر	دَ
					د	ا	ت	س	اُ
						ن	ا	ب	زَ
					ی	س	ر	ا	ف
						ر	تُ	ک	دُ
	ن	ا	ت	س	رِ	ا	م	ی	ب

15. Separate the letters.

کِشوَر	کِ	ش	وَ	ر					
ایران									
ژاپُن									
ایتالیا									
اِنگِلیس									
آمریکا									
فَرانسه									
آلمان									
اَهل									
کُجا									
دَر									
تِهران									
دُکتُر									
بیمارِستان									
مَرکَز									

6

دَرسِ شِش

Lesson Six

Job and Age

What is your job/age ?

Vocabulary	لُغات
Hairdresser	آرایِشگَر
Teacher	آموزِگار / مُعَلّم
with	با
Police	پُلیس
How many	چَند
Housewife	خانه دار
Friend	دوست
Taxi driver	رانَندهٔ تاکسی
Year	سال
Age	سِن
Number	شُماره
Shop assistant	فُروشَنده
Job	کار
Who	کی
Mother	مادَر
Manager	مُدیر
India	هِندوستان
20	بیست
30	سی
40	چِهِل
50	پَنجاه
60	شَصت
70	هَفتاد
80	هَشتاد
90	نَوَد
100	صَد

رانَندهٔ تاکسی

مُدیر

آرایِشگَر

فُروشَندِه

1. Read, listen and repeat.

کارِ شُما چیست؟

مَن دُکتُر هَستَم.

کارِ او چیست؟

او آموزِگار است.

Personal Pronouns

Personal pronouns occur in two forms in Persian, as separate words and as suffixes.

my address	آدرِسَم	آدرِس + ـَـ م	آدرِسِ مَن
your address	آدرِسَت	آدرِس + ـَـ ت	آدرِسِ تو
his / her address	آدرِسَش	آدرِس + ـَـ ش	آدرِسِ او
our address	آدرِسِمان	آدرِس + ـِـ مان	آدرِسِ ما
your address	آدرِسِتان	آدرِس + ـِـ تان	آدرِسِ شُما
their address	آدرِسِشان	آدرِس + ـِـ شان	آدرِسِ آنها

'Tashdid' ـّـ

If the last letter in one syllable is the same as the first letter in the next syllable, the repeated letter is written just once and the sign "Tashdid" ّ goes above the letter.

مُ + حَمـ + مَد ← مُحَمَّد

بَچـ + چِه ← بَچّه

2. Work in pairs. Ask and answer.

اِسمِ او چیست؟

اِسمِ او مُحَمَّد اَست.

اَهلِ کُجا اَست؟

اَهلِ آمریکا اَست.

آدرِسَش چیست؟

۶۳ خیابانِ پاریس.

شُمارۀ تِلِفُنَش چیست؟

۰۰۱۸۹۵۴۸۷۷۳۶۲

چَند سالَش اَست؟

بیست وُ پَنج سالَش اَست.

کارَش چیست؟

او دانِشجو اَست.

3. Work in pairs. Ask and write questions about Hanna.

اِسم	حَنا
کِشوَر	هِندوستان
کار	دانِشجو
سِن	۲۱

۱ – حَنا اَهلِ کُجا اَست؟

۲ – ....؟

۳ – ....؟

۴ – ....؟

4. Listen to the sentences about Hanna. Some are right and some are wrong.
Correct the sentences which are wrong.

۱ – حَنا اَهلِ اِنگِلِستان اَست.

۲ – او فُروشَنده اَست.

۳ – او ژاپُنی اَست.

۴ – او هِفدَه سالَش اَست.

۵ – او خانه دار اَست.

۶ – او بیست وُ یِک سالَش اَست.

۷ – او دُکتُر اَست.

5.Listen and read.

A: حَنا تو اَهلِ هِندوستان هَستی؟

B: بَله، هَستَم.

A: تو آرایِشگَر هَستی؟

B: نَه، نیستَم.

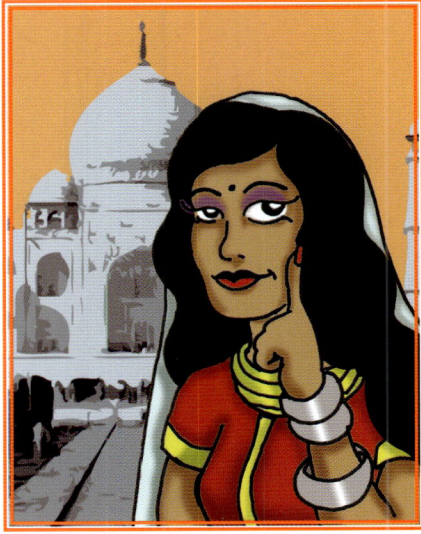

6.Stand up, ask three students the questions and write down their answers.

Student 3	Student 2	Student 1	
			اِسم
			کِشوَر
			آدرِس
			تِلِفُن
			کار

7. Listen, read and repeat.

21	بیست وُ یک	۲۱
22	بیست وُ دو	۲۲
23	بیست وُ سه	۲۳
24	بیست وُ چهار	۲۴
25	بیست وُ پَنج	۲۵
26	بیست وُ شِش	۲۶
27	بیست وُ هَفت	۲۷
28	بیست وُ هَشت	۲۸
29	بیست وُ نُه	۲۹
30	سی	۳۰
40	چِهِل	۴۰
50	پَنجاه	۵۰
60	شَصت	۶۰
70	هَفتاد	۷۰
80	هَشتاد	۸۰
90	نَوَد	۹۰
100	صَد	۱۰۰

8. Listen and write down the numbers you hear............................

....

....

داشتَن

To Have

Past Stem   داشت

ما داشتیم   مَن داشتَم

شُما داشتید   تو داشتی

آنها داشتَند   او داشت

we had   I had

you had   you had

they had   he/she had

Present Stem   دار

ما داریم   مَن دارَم

شُما دارید   تو داری

آنها دارَند   او دارَد

we have   I have

you have   you have

they have   he/she has

9. Read and listen to Mary.

اِسمِ مَن مِری اَست. مَن بیست وُ هَفت سال دارَم.

مَن دَر دانِشگاه تِهران هَستَم. مَن یِک اُستاد

هَستَم. مَن با آندرو دَر تِهران هَستَم.

او یِک دُکتر هَست. ما اَهلِ اِنگِلِستان هَستیم.

بیست روز اَز سال دَر اِسکاتلَند هَستیم.

رابِرت دوستِ ما اَست. او اَهلِ اِسکاتلَند اَست وَ

رانندهٔ تاکسی اَست. او با کاترین دَر لَندَن هَستَند.

کاترین خانه‌دار اَست وَ بیست وُ دو سال دارَد.

10. Answer the following questions.

۱ - کارِ مِری چی اَست؟ ....

۲ - مِری چَند سال دارَد؟ ....

۳ - او دَر کُجا اَست؟ ....

۴ - کارِ آندرو چیست؟ ....

۵ - آنها بیست روز دَر سال کُجا هَستَند؟ ....

۶ - رابِرت کیست؟ ....

۷ - او اَهلِ کُجا اَست؟ ....

۸ - کارِ رابِرت چیست؟ ....

۹ - کاترین دَر کُجا اَست؟ ....

۱۰ - کاترین با کی اَست؟ ....

۱۱ - کارِ کاترین چیست؟ ....

۱۲ - او چَند سال دارَد؟ ....

11. Join the letters.

نَ	وَ	د							نَوَد
سِ	ن								
آ	ر	ا	یِ	ش	گَ	ر			
خ	ا	ن	ه	د	ا	ر			
هِ	ن	د	و	س	ت	ا	ن		
ک	ا	ر							
م	ا	دَ	ر						
شُ	م	ا	ر	ه					
د	ا	نِ	ش	ج	و				
ر	ا	نَ	ن	د	ه				
کِ	ی								
س	ا	ل							
ب	ی	س	ت						
پَ	ن	ج	ا	ه					
شَ	ص	ت							

12. Separate the letters.

							د	وَ	نَ	نَوَد
										سِن
										آرایِشگَر
										خانه‌دار
										هِندوستان
										کار
										مادَر
										شُماره
										فُروشَنده
										دانِشجو
										پَنجاه
										کی
										سال
										بیست
										سی

7

دَرسِ هَفت
Lesson Seven

Family
She is my sister

Vocabulary	لُغا ت
Mister	آقا
That	آن
This	این
Child	بَچِّه
Brother	بَرادَر
Father	پِدَر
Son / boy	پِسَر
Family	خانِواده
Sister	خواهَر
Daughter / girl	دُختَر
Wife / woman	زَن
Husband	شوهَر
Book	کِتاب
School	مَدرِسه
Actor / actress	هُنَرپیشه
Parents	والِدین

Plural

- ها is the plural ending for any object. It can be written either joined or unjoined.

آنها	←	ها	+	آن
اینها	←	ها	+	این
مادَرها	←	ها	+	مادَر

For live objects usually ان is used.

Boys	پِسَران	←	ان	+	پِسَر
Women	زَنان	←	ان	+	زَن
Dogs	سَگان	←	ان	+	سَگ

If the last letter in the word is a long vowel, ی comes as a helper for the pronunciation.

Gentlemen	آقایان	←	ان	+	ی	+	آقا
Students	دانِشجویان	←	ان	+	ی	+	دانِشجو

If a noun ends in ه it changes to گ , ان comes after.

Presenter	گوینِدِگان	←	ان	+	گوینده

There is another kind of plural which is the Arabic 'broken' plural.

Lessons	دُروس	دَرس
Books	کُتُب	کِتاب
Schools	مَدارِس	مَدرِسه

Who is this?	او کی اَست؟

Presentation:

The family	یک خانواده

حَمید   ↔   مَریَم

↓

اُمید   شَهرزاد

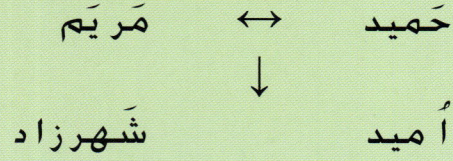

1. Listen and repeat.
Work in pairs. Ask and answer questions about the photograph.

Who is Omid?
He is Maryam and Hamid's son and Shahrzaad's brother.

اُمید کی اَست؟

او پِسَرِ مَریَم وَ حَمید وَ بَرادَرِ شَهرزاد اَست.

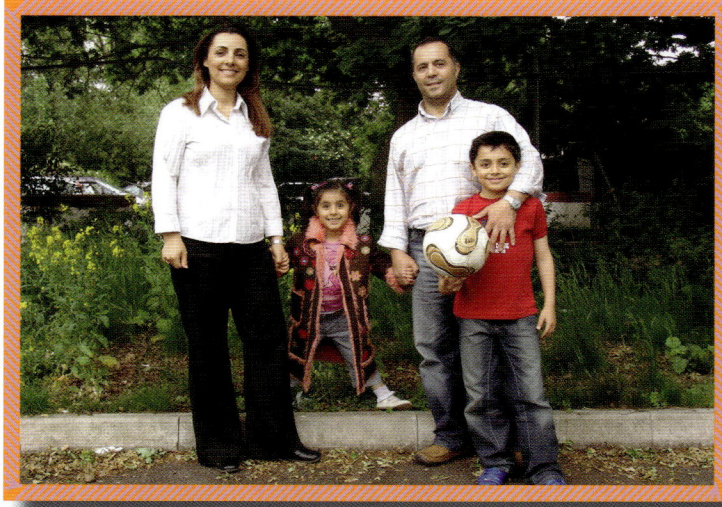

A: او کی اَست؟

B: او مَریَم اَست.

A: مَریَم کی اَست؟

B: مَریَم زَنِ حَمید اَست.

A: او کی اَست؟

B: او حَمید اَست.

A: حَمید کی اَست؟

B: حَمید شوهَرِ مَریَم اَست.

A: او کی اَست؟

B: او اُمید اَست.

A: اُمید کی اَست؟

B: اُمید پِسَرِ مَریَم وَ حَمید اَست.

A: او کی اَست؟

B: او شَهرزاد اَست.

A: شَهرزاد کی اَست؟

B: شَهرزاد دُختَرِ مَریَم وَ حَمید اَست.

A: اُمید کِی شَهرزاد اَست؟

B: او بَرادَرِ شَهرزاد اَست.

A: شَهرزاد کِی اُمید اَست؟

B: او خواهَرِ اُمید اَست.

2. Complete the sentences.

۱ – مَریَم زَنِ حَمید اَست.

۲ – حَمید .... مَریَم اَست.

۳ – مَریَم .... اُمید وَ شَهرزاد اَست.

۴ – حَمید .... اُمید وَ شَهرزاد اَست.

۵ – شَهرزاد .... مَریَم وَ حَمید اَست.

۶ – اُمید .... مَریَم وَ حَمید اَست.

۷ – شَهرزاد .... اُمید اَست.

۸ – اُمید .... شَهرزاد اَست.

۹ – شَهرزاد وَ اُمید .... مَریَم وَ حَمید هَستَند.

۱۰ – مَریَم وَ حَمید وَ شَهرزاد وَ اُمید یک .... هَستَند.

The Concord of subject and verb

A plural subject, if it denotes human beings and animals, takes a plural verb, otherwise it may take a singular or a plural verb.

Examples:

He is a doctor.

او یک دُکتُر است.

They are doctors.

آنها دُکتُر هَستَند.

3. Work in pairs.
Ask and answer questions about the family in the picture.

این کی اَست؟ این عَلی اَست.

رِضا ↔ سارا
↓
سِپیده عَلی مُحَمَّد

4. Complete the questions.

۱ – پِدَرِ علی کی اَست؟ رِضا

۲ – .... رِضا کی هَستَند؟ علی و مُحَمَّد

۳ – .... مُحَمَّد کی است؟ سارا

۴ – .... علی و مُحَمَّد کی اَست؟ سِپیده

۵ – .... رِضا کی اَست؟ سارا

۶ – .... سارا کی اَست؟ رِضا

۷ – بَچّه های .... وَ .... کی هَستَند؟

5. Look at your friend's photos or family tree. Ask about his or her family.

Examples:

این کی است؟ مَریَم

مَریَم کی است؟

کارَش چیست؟

او اَهلِ کُجا است؟

Vocabulary

6. Put the words into the correct column.

دُو - آلمان - پِسَر - بَرادَر - آرایشگَر - پُلیس - فَرانسه - ایتالیا

هِفدَه - بیست - مادَر - فُروشَنده - شِش - دُختَر - اِسپانیا - زَن

فامیل	کِشوَر	شُماره	کار

7. Reading

یک خانوادهٔ ایرانی

آقای رَسولی یِک هُنَرپیشهٔ ایرانی اَست. اِسمِ زَنِ او کاترین اَست، او هَم هُنَرپیشه اَست. کاترین اِنگلیسی اَست.
آنها دو بَچّه دارَند. یک پِسَر وَ یِک دُختَر. اِسمِ پِسَرشان پَیام وَ اِسمِ دُختَرِشان حَنا اَست. پَیام هَفت سال وَ حَنا نُه سال دارَد.

8. Answer the questions.

۱ – آقایِ رَسولی اَهلِ کُجا اَست؟ ....

۲ – کارِ او چیست؟ ....

۳ – اِسمِ زَنَش چیست؟ ....

۴ – کارِ زَنَش چیست؟ ....

۵ – اِسمِ پِسَرَش چیست؟ ....

۶ – پِسَرَش چَند سال دارَد؟ ....

۷ – اِسمِ دُختَرَش چیست؟ ....

۸ – دُختَرَش چَند سال دارَد؟ ....

9. Join the letters.

هُنَر پیشه			ه	ش	ی	پ	ر	نَ	هُ
								م	هَ
					ر	دَ	ا	ر	بَ
							ه	چّ	بَ
							ر	دَ	پِ
					ن	تَ	ش	ا	د
							د	ن	چَ
						ر	دَ	ا	م
				ن	ی	دِ	لِ	ا	و
							ر	سَ	پِ
								ن	آ
								ن	زَ
					ر	هَ	ا	و	خ
						ر	هَ	و	شُ
						ر	تَ	خ	دُ

10. Separate the letters.

		ه ش	ی	پ	ر	نَ	هُ	هُنَر پیشه
								هَم
								بَرادَر
								دُختَر
								بَچّه
								خانِواده
								پِدَر
								داشتَن – دار
								چَند
								شوهَر
								مادَر
								شُماره
								والِدین
								خواهَر
								پِسَر

8

دَرسِ هَشت

Lesson Eight

Food and Drink
Do you eat apples or drink tea?

Vocabulary	لُغات
Water	آب
Fruit juice	آب میوه
Today	اِمروز
Grapes	اَنگور
Without	بی
Orange (s)	پُرتِقال
Pizza	پیتزا
Strawberry (s)	توت فَرَنگی
Tea	چایی / چای
To eat / to drink	خوردَن - خور
Salad	سالاد
Sandwich	ساندِویچ
Apple (s)	سیب
Sugar	شِکَر
Choclate	شُکُلات
Milk	شیر
Food	غَذا
Only	فَقَط
Coffee	قَهوه
Coke	کوکا
Cake	کِیک
Waiter / waitress	گارسون
Pear (s)	گُلابی
Meat	گوشت
Cherry (s)	گیلاس

Banana (s)	مُوز
Fruit	میوه
Drink	نوشیدَنی
Peach	هُلو
Hamburger	هَمبِرگِر
Often	اَغلَب

The Simple Present of 'to eat'

The simple present of the verb 'to eat' is formed by adding the personal endings to the present stem 'خور'

I eat	می خورَم	مَن
You eat	می خوری	تو
He/She eats	می خورَد	او
We eat	می خوریم	ما
You eat	می خورید	شُما
They eat	می خورَند	آنها

For simple present and future, می works as 'ing' in English.

The negative is formed by adding the prefix 'نِ' to the positive forms.

I don't eat	نِمی خورَم

What would you like to eat?	چی می‌خوری؟
I eat an apple.	سیب می‌خورَم.

What do you eat? = What would you like to eat?

1. Work in pairs, put the words into the correct column.

پیتزا - پُرتِقال - گوشت - ساندِویچ - آب - مُوز - قَهوه
شیر - سالاد - چایی - شُکُلات - سیب - هَمبِرگِر - آب میوه

نوشیدَنی	غَذا

2. Listen, read and repeat.

Do you drink (eat) fruit juice?

آب میوه می‌خوری؟ :A

Yes, I do.

بَله، می‌خورَم. :B

3. Read and write.

What would you like to eat?

چی می‌خوری؟

I would like pizza and salad.

پیتزا وَ سالاد می‌خورَم.

I like oranges and apples.

پُرتِقال وَ سیب می‌خورَم.

4. Write three things you would like to eat and two things you don't like to eat. Tell your partner.

. . . .

. . . .

. . . .

. . . .

خوردَن

To eat

past stem خورد

مَن خوردَم	ما خوردیم
تو خوردی	شُما خوردید
او خورد	آنها خوردَند

present stem خور

مَن می خورَم	ما می خوریم
تو می خوری	شُما می خورید
او می خورَد	آنهامی خورَند

The negative is formed by adding the prefix 'نَ' to the positive forms.

past

مَن نَخوردَم	ما نَخوردیم
تو نَخوردی	شُما نَخوردید
او نَخورد	آنها نَخوردَند

present

مَن نِمی خورَم	ما نِمی خوریم
تو نِمی خوری	شُما نِمی خورید
او نِمی خورَد	آنها نِمی خورَند

5. Read, listen and repeat.

A : قَهوه مـی‌خـوری؟

B : بَله، مـی‌خـورَم.

A : سالاد مـی‌خـوری؟

B : نَه، نِـمـی‌خـورَم.

6. Answer your teacher.

7. Work in pairs. Look at the words in page 70. Ask and answer questions.

هَمبِرگِر مـی‌خـوری؟

بَله، مـی‌خـورَم.

نَه، نِـمـی‌خـورَم.

Positive:	چای مـی‌خـوری.
Question:	چای مـی‌خـوری؟
Negative:	چای نِـمـی‌خـوری.

9. Read the following passage. Answer the following questions in Persian. Make sure your answers are in full. Translate it into English.

رِستورانِ ایرانی

اِسمِ مَن حَمید است. اِمروز با مادَر وَ پِدَرَم دَر یِک رِستوران غَذا می‌خوریم. مَن قَهوه با شیر و شِکَر می خورَم. مادَرَم قَهوه نِمی‌خورَد. او چای بی شیر می خورَد. ایرانی ها چای با شیر نِمی‌خورَند. پِدَرَم پیتزا با سالاد وَ کوکا می‌خورَد. مَن چلوکَباب می‌خورَم. مادَرَم غَذا نِمی‌خورَد. او فَقَط سالاد وَ چای می‌خورَد. او رِژیم دارَد. اِسمِ این رِستوران پِرشیا است. رستورانِ پِرشیا دَر لَندَن است. مَن اَهلِ تِهران هَستَم و دَر این رِستوران گارسون هَستَم.

پِدَرَم اَهلِ اِصفِهان است و پُلیس است.
مادَرَم اَهلِ شیراز است و خانه دار است.
مَن یِک خواهَر و یِک بَرادَر دارَم. اِسمِ خواهَرَم سِپیدِه است. او دانِشجو است. اِسمِ بَرادَرَم عَلی است. او رانَندهٔ تاکسی است. فامیلِ ما موسَوی است.

10. Answer the following questions.

۱ - حَمید اِمروز کُجا غَذا می‌خورَد؟ ....

۲ - او با کی غَذا می خورَد؟ ....

۳ - او غَذا چی می‌خورَد؟ ....

۴ - پِدَرَش چی می خورَد؟ ....

۵ - مادَرَش چی می خورَد؟ ....

۶ - کارِ حَمید چیست؟ ....

۷ - او اَهلِ کُجا است؟ ....

۸ - کارِ پِدَرَش چیست؟ ....

۹ - اِسمِ بَرادَرَش چیست؟ ....

۱۰ - کارِ خواهَرَش چیست؟ ....

11. Join the letters.

س	ی	ب							سیب
مُ	و	ز							
قَ	ه	و	ه						
گ	ی	ل	ا	س					
ن	و	ش	ی	دَ	ن	ی			
غَ	ذ	ا							
م	ی	و	ه						
آ	ب	م	ی	و	ه				
اَ	ن	گ	و	ر					
هَ	م	بِ	ر	گِ	ر				
کِ	ی	ک							
ک	و	ک	ا						
پ	ی	ت	ز	ا					
ت	و	ت	فَ	رَ	ن	گ	ی		
چ	ا	ی	ی						

12. Separate the letters.

						ب	ی	س	سیب
									مُوز
									قَهوه
									گیلاس
									نوشیدَنی
									غَذا
									میوه
									آب میوه
									اَنگور
									هَمبِرگِر
									کِیک
									کوکا
									گوشت
									شیر
									پُرتِقال

9

دَرسِ نُه

Lesson Nine

Colours and Clothes

What colour is his shirt?

Vocabulary — لُغات

Yesterday	دیروز	Childish / children	بَچِّگانه
Colour	رَنگ	For	بَرای
To go	رفتن - رو	To	به
Female	زَنانه	Blouse	بُلوز
Cardigan	ژاکَت	Overcoat	پالتو
Trousers	شَلوار	Shirt / dress	پیراهَن
Jacket	کُت	Quantity	تا
Suit	کُت شَلوار	Toman (Iranian currency)	تومان
Shoes	کَفش	Socks	جُوراب
When	کِی	To buy	خَریدن - خَر
Clothes	لِباس	Shopping	خَرید
Male	مَردانه	Skirt	دامَن
One	یِکی		

Blue	آبی
Purple	بَنَفش
Yellow	زَرد
Green	سَبز
White	سِفید
Black	سیاه
Pink	صورَتی
Red	قِرمِز
Brown	قَهوه ای
Orange	نارِنجی

A : این چه رَنگی است؟
B : این قِرمِز است.

A : این بُلوز چه رَنگی است؟
B : این بُلوز سَبز است.

A: پیراهَنِ سارا چه رَنگی است؟

B: آن پیراهَن سِفید است.

اُمید دو شَلوار دارَد. یِکی سیاه و یِکی قَهوه ای.
پیراهَنِ او سِفید است. کُت شَلوار او آبی است.
خواهَر او یِک پیراهَنِ سَبز برایَش خَرید.
او آن پیراهَن را ۳۰۰ تومان خَرید.

1. Answer in complete sentences.

۱ – اُمید چَند تا شَلوار دارَد؟ ....

۲ – شَلوارهای او چه رَنگی است؟ ....

۳ – پیراهَنِ او چه رَنگی است؟ ....

۴ – کُت شَلوار او نارِنجی است؟ ....

۵ – خواهَرَش بَرای او چه خَرید؟ ....

۶ – آن را چَند خَرید؟ ....

2. Fill in the blanks.

۱ – اُمید .... شَلوار دارَد.

۲ – پیراهَنِ او .... است.

۳ – .... او آبی است.

۴ – خواهَرَش یِک .... سَبز برای او خَرید.

۵ – او آن پیراهَن را ۳۰۰ تومان ....

3. Listen to Azar.

دیروز با دوستَم سارا به خَرید رَفتَم. او یِک پیراهَنِ زَنانه بَرای مادَرَش خَرید. مَن یِک ژاکَتِ مَردانه بَرای شوهَرم خَریدَم. مَن و او یِک کُت دامَنِ بَنَفش با بُلوز زَرد و جُورابِ سیاه خَریدیم. او یِک پالتویِ صورَتیِ بَچّگانه بَرای دُختَرَش خَرید.

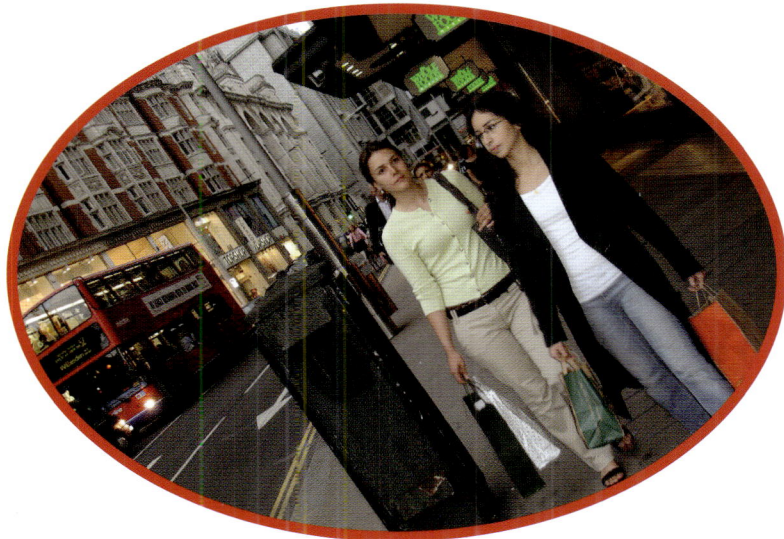

4. Answer in complete sentences:

۱ – آذَر با سارا کِی به خَرید رَفت؟ ....

۲ – آذَر پیراهَن بَرای کی خَرید؟ ....

۳ – او بَرای شوهَرَش چی خَرید؟ ....

۴ – آنها کُت دامَنِ چه رَنگی خَریدَند؟ ....

۵ – بُلوز و جُورابِ آنها چه رَنگی بود؟ ....

۶ – سارا بَرای دُختَرَش پالتوی چه رَنگی خَرید؟ ....

5. Fill in the blanks:

۱ – مَن با سارا دیروز به خَرید ....

۲ – سارا یِک پیراهَن زَنانه بَرایِ .... خَرید.

۳ – مَن یِک ژاکَتِ مَردانه .... شوهَرَم خَریدَم.

۴ – مَن وَ سارا یِک .... بَنَفش خَریدَیم.

۵ – بُلوز .... وَ جوراب .... هَم خَریدیم.

۶ – سارا یِک پالتویِ صورَتی بَرایِ .... خَرید.

Adjectives

Unlike English, adjectives follow the noun in Persian.

Good girl — دُختَرِ خوب

Nice room — اُتاقِ زیبا

An 'ezafe' should always be added to the noun.

The indefinite ی :

Good girl — دُختَرِ خُوب

A good girl — دُختَرِ خُوب + ی ← دُختَرِ خُوبی

Indefinite ی always joins the last word.

Good and nice girl — دُختَرِ زیبا و خُوب

A good and a nice girl — دُختَرِ زیبا و خُوب + ی ← دُختَرِ زیبا و خُوبی

Simple Past

The infinitive of verbs ends in ن . The simple past is formed by dropping the ن .

To bring — آوَردَن - آوَرد

To have — داشتَن - داشت

I had two books. — مَن دو کِتاب داشتَم

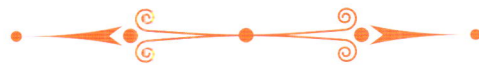

6. Join the letters.

آبی						ی	ب	آ
					ش	ف	نَ	بَ
						د	ر	زَ
						ز	ب	سَ
						د	ی	ف	سِ
						ز	مِ	ر	قِ
			ی	ج	ن	رِ	ا	ن
							ت	کُ
					ن	مَ	ا	د
					و	ت	ل	ا	پ
					ر	ا	و	ل	شَ
					ی	ت	رَ	و	ص
				ی	ا	ه	و	ه	قَ
						ز	و	ل	بُ
					ه	ا	ی	س

7. Separate the letters.

آبی	آ	ب	ی						
بَنَفش									
زَرد									
سَبز									
سِفید									
سیاه									
صورَتی									
قِرمِز									
قَهوه ای									
نارِنجی									
لِباس									
کُت									
شَلوار									
دامَن									
بُلوز									

دَرسِ دَه

Lesson Ten

House and Furniture

How many bedrooms are there in your house?

Vocabulary	لُغات
Flat	آپارتمان
Kitchen	آشپَزخانِه
Hanging	آویزان
Room	اُتاق
Bedroom	اُتاق خواب
Living room	اُتاق نِشیمَن
Above	بالایِ
Big	بُزُرگ
Biggest	بُزُرگ تَرین
Plate	بُشقاب
Curtain	پَرده
Window	پَنجِره
Frame / picture	تابلو
Bed	تَختِخواب
To play	بازی کَردَن – کُن
Inside	تویِ
In front	جلویِ
Knife	چاقو
Light	چراغ
Fork	چَنگال
Bathroom	حَمّام
Garden	حَیاط
Very	خیلی

House	خانه
Quiet	خَلوَت
Toilet	دَستشویی - توالت
Shower	دوش
Pan	دیگ
Other	دیگری
Wall	دیوار
To live	زِندگی کَردَن - کُن
Under	زیر
Three seats	سه نَفَره (مُبل)
Noisy / busy	شُلوغ
Chair	صَندَلی
Dishwasher	ظَرفشویی
Cup	فِنجان
Spoon	قاشُق
Beautiful	قَشَنگ
Shelf	قَفَسه
Cabinet	کابینِت
Sofa	کاناپه
Drawer	کِشو
Wardrobe	کُمُد
Next to	کِنارِ
Small	کوچک
Smaller	کوچِک تَر
Glass	لیوان
Mine / belonging	مال
Frying pan	ماهیتابه
Armchair	مُبل
Furniture	مُبلِمان
Do you know	می دانی
Desk / table	میز
Bath	وان
Or	یا

1. Read and Listen.

کُجا زِندِگی می کُنید؟

شُما دَر خانه زِندِگی می کُنید یا دَر آپارتِمان؟

A: ما حَیاط نَداریم شُما چِطور؟

B: خانۀ ما حَیاطِ قَشَنگ وَ بُزرگی دارد.

خانۀ ما سه اُتاق خواب دارَد. اُتاقِ مَن بُزرگتَرین اُتاق خواب دَر این خانه است. دَر آن یِک تَختِخواب وَ دو کُمد وَ یک صَندَلی است. اُتاقِ کوچِکتَر مالِ خواهَرَم سارا است. اُتاقِ او کوچِکتَر اَز اُتاقِ مَن است. اُتاقِ او کوچِکتَرین اُتاقِ خانه است.

ما یِک اُتاقِ نِشیمَنِ بُزرگ داریم. این اُتاق خیلی قَشَنگ است. دُو مُبل و یِک کاناپۀ سه نَفره دَر آنجا است. شِش صَندَلی و یِک میز هَم دَر این اُتاق است. چَند تابلو رویِ دیوار است. پَرده های این اُتاق، آبی و سِفید هَستَند.

2. Read and Listen.

حَمّامِ ما دیوارهایِ کِرِم و صورَتی دارَد. دَر آن یِک دَستشویی و یِک تُوالِت و یِک وان است. یِک کُمُدِ کوچِک هَم در آن هَست. حَمّامِ ما دوش نَدارد.

3. Answer in complete sentences.

خانهٔ شُما چطوری است؟

۱ – حَمّامِ خانهٔ شُما چطوری است؟..

۲ – دیوارهایِ آن چه رَنگی است؟..

۳ – دوش دارَد یا وان؟..

۴ – بُزرگ اَست یا کوچِک؟..

۵ – دَر خانهٔ شُما چَند اُتاق خواب است؟..

۶ – بُزرگتَرین اُتاق مالِ کیست؟..

۷ – اُتاقِ نِشیمَنِ شُما چه رَنگی است؟..

۸ – چَند تا صَندَلی دَر اتاقِ نِشیمَنِ شُما است؟..

۹ – چَند تا مُبل دارید؟..

Compound Verbs

A simple verb and a noun form compound verbs.

Lesson	دَرس
To read	خواندَن
To study	دَرس خواندَن
Life	زِندِگی
To do	کَردَن
To live	زِندِگی کَردَن

Example:

I live in Tehran.	مَن دَر تِهران زِندِگی می کُنَم.
Sara is studying.	سارا دَرس می خوانَد.

4. Read and Listen.

A: خانهٔ شُما کُجاست؟

B: خانهٔ ما دَر خیابانِ بوستان اَست.
می دانی آن خیابان شُلوغ تَرین خیابانِ تِهران اَست؟

B: شُما خانه تان کُجاست؟

A: خانهٔ ما دَر خیابانِ گُلستان اَست. خیابانِ ما اَز خیابانِ شُما خَلوت تَر اَست.

5. This is our kitchen:

آشپَزخانهٔ ما

روی میز چهار بُشقاب وَ هَشت چَنگال است. مَن دَر آشپَزخانه دو میز دارَم. یِکی بَرایِ بُشقاب وَ قاشُق وُ چَنگال وَ دیگَری برای لیوان وَ دیگ وُ ماهیتابه وَ چاقو. یِک کُمُد در کِنارِ دیوار است جلوی آن کُمُد ظَرفشویی است. بالای ظَرفشویی یِک پَنجره است. زیرِ ظَرفشویی دو کِشو است. تویِ آشپَزخانه چَند قَفَسه هَم دارَم. فِنجان ها تویِ کابینِت هَستَند. چَند چِراغ هَم دَر آشپَزخانه آویزان است.

6. What does your kitchen look like?

آشپَزخانهٔ شُما چِطور است؟ ....

....

....

....

....

The Comparative Adjective

Cheap + er = cheaper	اَرزان + تَر ⟵ اَرزان تَر، اَرزانتَر
Small + er = smaller	کوچک + تَر ⟵ کوچک تَر، کوچکتَر

Our house is smaller than your house. خانهٔ ما از خانهٔ شما کوچک تر است.

Exceptions:

Better	خوب + تَر ⟵ بهتَر
More	خیلی + تَر ⟵ بیشتَر

The Superlative Adjective

The superlative adjective is formed by adding تَرین as a suffix to adjectives.

Cheap + est = cheapest	اَرزان + تَرین ⟵ اَرزان تَرین، اَرزانتَرین
Small + est = smallest	کوچک + تَرین ⟵ کوچک تَرین، کوچکتَرین

My house is the biggest house. خانهٔ من بزرگترین خانه است.

Exceptions:

Best	خوب + تَرین ⟵ بهتَرین
Most	خیلی + تَرین ⟵ بیشتَرین

Comparative adjectives follow the noun, superlative adjectives precede the noun.

Exercise:

7. Change the adjectives into the comparative and superlative forms.

Superlative	Comparative	
بُزُرگتَرین خانه	خانهٔ بُزُرگتَر	خانهٔ بُزُرگ
		دُختَرِ قَشَنگ
		اُتاقِ کوچک
		حَیاطِ خَلوَت
		خیابانِ شُلوغ

8. Join the letters.

خ	ا	ن	ه						خانه
مُ	ب	لِ	م	ا	ن				
اُ	ت	ا	ق						
بُ	زُ	ر	گ	تَ	ر	ی	ن		
اُ	ت	ا	ق	خ	و	ا	ب		
تَ	خ	تِ	خ	و	ا	ب			
کُ	مُ	د							
صَ	ن	دَ	ل	ی					
ک	و	چِ	ک	تَ	ر	ی	ن		
م	ا	ل							
اُ	ت	ا	قِ	نِ	ش	ی	مَ	ن	
بُ	زُ	ر	گ						
خِ	ی	ل	ی						
قَ	شَ	ن	گ						
مُ	ب	ل							

ک	ا	ن	ا	پ	ه				
س	ه	نَ	فَ	ر	ه				
م	ی	ز							
ت	ا	ب	ل	و					
د	ی	و	ا	ر					
پَ	ر	د	ه						
و	ا	ن							
د	س	ت	ش	و	ی	ی			
د	و	ش							
آ	پ	ا	ر	تِ	م	ا	ن		
حَ	ی	ا	ط						
م	ی	د	ا	ن	ی				
شُ	ل	و	غ						
خَ	ل	وَ	ت						
آ	ش	پَ	ز	خ	ا	ن	ه		

9. Separate the letters.

خانه	خ	ا	ن	ه					
مُبلِما ن									
اُتاق									
بُزُرگتَرین									
اُتاق خواب									
تَختِخواب									
کُمُد									
صَندَلی									
کوچِک تَر									
مال									
اُتاقِ نِشیمَن									
بُزُرگ									
خیلی									
قَشَنگ									
مُبل									

میز									
تابلو									
دیوار									
پَرده									
حَمّام									
دَستشویی									
وان									
دوش									
آپارتِمان									
حَیاط									
می دانی									
شُلوغ									
خَلوَت									
آشپَزخانه									
بُشقاب									

Test

1. Complete the following sentences.

سَلام، .... شُما چِطور .... ؟

خوبَم ....

اِسمِ .... چیست؟

.... مَن سارا است.

مَن هَم رابِرت ....

خوشوَقتَم.

شُما دَر .... زِندِگی می کُنید؟

بله..... لَندَن زِندِگی ....

چکار می کُنید؟

دانِشجو .... کارِ شُما ....؟

مَن هَم دانِشجو ....

دَر کدام (which) دانِشگاه دَرس می .... ؟

دَر دانِشگاهِ لَندَن دَرس می ....

مَعمولاً (usually) کُجا غذا می .... ؟

دَر رِستورانِ دانِشگاه .... می خورم.

چی می خورید؟

ساندویچ و .... و .... می خورَم.

با چی بِه دانِشگاه .... رَوی؟

2. Give full negative answers to the following questions.

۱ – این دُختَر ایرانی اَست؟ ....

۲ – او با حَسن دوست اَست؟ ....

۳ – شُما دانِشجو هَستید؟ ....

۴ – تو خِیلی خَسته (tired) هَستی؟ ....

۵ – شُما نَقّاش (painter) هَستید؟..................................

3. Translate the following into Persian.

1. The sweet (شیرین) grapes are mine. ....

2. My bedroom is large and nice. ....

3. Today is cold (سرد) but sunny (آفتابی)..................................

4. I am reading my Persian book ....

5. Sara is my very good friend and our birthdays (تَوَلُّد) are on the same day (روز)

....

4. Change the infinitives into the positive form of the verbs in the simple present.

۱ – مَن کِتابِ فارسی .... (خواندَن)

۲ – او بِه دانِشگاه .... (رَفتَن)

۳ – تو خوب .... (زِندِگی کَردَن)

۴ – لِباسَت چه رَنگی .... (بودَن - to be)

۵ – خانه تان چَند اُتاق خواب .... (داشتَن)

5. Complete the following sentences using the appropriate subject personal endings.

۱ – شُما اِمروز کُجا می رَو ....؟

۲ – مَن دیروز به سینَما رَفت ....

۳ – شُما چَند دُختَر دار ....

۴ – فَردا (tomorrow) شُما در خانه هست ....؟

۵ – ما از خانهٔ حَسَن آمَد ....

6. Translate the following sentences into Persian.

1. She came to our house last week.
2. They arrived (رسیدَن) in Tehran four days ago (پیش).
3. We were in Shiraz for five years.
4. Where did you learn (یادگِرفتَن) Persian?
5. I have two sisters and one brother.

....

....

....

....

....

....

....

....

....

....

11

دَرسِ یازدَه

Lesson Eleven

Activities - What are your hobbies?

Vocabulary	لُغات
Weekend	آخرِهَفته
To cook	آشپَزی کَردَن – کُن
But	امّا
Question word	آیا
Play	بازی
College	کالِج
To watch	تَماشا کَردَن – کُن
To move / to leave	حَرکَت کردن – کُن
Very	خِیلی
To like	دوست داشتَن – دار
To drive	رانَندگی کَردَن – کُن
To arrive	رسیدَن – رس
Time / clock / watch	ساعَت
At work	سَرِکار
Hobby	سَرگَرمی
Job / occupation	شُغل
Football	فوتبال
To work	کار کَردَن – کُن
To read a book	کِتاب خواندَن – خوان
Sometimes	گاهی
Married	مُتِأَهّل

To play the guitar	گیتار زَدَن – زَن
Car	ماشین
Usually / normally	مَعمولاً (ن = اً)
Always	هَمیشه
Never	هیچوَقت

The Particle – را

The specified direct object of the verb is followed by this particle – را

مَن رانَندِگی را دوست دارَم.

شَما این کِتاب را دوست دارید؟

آشپَزی او را دوست داری؟

هَمیشه آن فیلم را تَماشا می کُنَم.

1. Read and Listen.

سوسَن لُطفی ایرانی است. اَمّا او دَر کانادا زِندِگی می کُنَد. او مُتِاَهِّل است. او دَر کالِج کار می کُنَد. سوسَن ماشین دارَد و مَعمولاً با ماشین سَرکار می رَوَد. او ساعَتِ هَفت اَز خانه حَرکَت می کُنَد و ساعَتِ هَشت و نیم به کالِج می رِسَد. او شُغلَش را دوست دارَد، اَمّا آخِرِ هَفته را هَم دوست دارَد. گاهی شَنبه ها به خَرید می رَوَد. او با مِترو به مَرکَزِ تورِنتو می رَوَد. یِکشَنبه ها با دوستانَش دَر رِستوران غَذا می خورَند. او هیچوَقت یِکشَنبه ها آشپَزی نِمی کُنَد.

2. Complete these sentences.

۱ – سوسَن دَر کالِج ....

۲ – او ساعَتِ هَشت و نیم به کالِج ....

۳ – او کارَش را ....

3. Answer in complete sentences.

۱ – سوسَن کُجا است؟ ....
۲ – آیا او دَر تِهران زندگی می‌کُنَد؟ ....
۳ – او دَر کُجا کار می‌کُنَد؟ ....
۴ – با چی سَرکار می‌رَوَد؟ ....
۵ – ساعَتِ چَند اَز خانه حَرکَت می‌کُنَد؟ ....
۶ – آیا سوسَن شُغلَش را دوست دارَد؟ ....
۷ – شَنبه ها چِکار می‌کُنَد؟ ....
۸ – با مِترو بِه کُجا می‌رَوَد؟ ....
۹ – کُجا غَذا می‌خورَد؟ ....

Days of the week.

جُمعه	پَنجشَنبه	چهارشَنبه	سه شَنبه	دوشَنبه	یِکشَنبه	شَنبه
Friday	Thursday	Wednesday	Tuesday	Monday	Sunday	Saturday

4. Listen to Azar and Sirus. What do they like or dislike?

آ : سیروس، تو رانَندِگی را دوست داری؟
س : بَله، خِیلی دوست دارَم. تو چِطور؟
آ : نَه، مَن دوست نَدارَم. اَمّا مَن بازیِ تِنیس را خِیلی دوست دارَم.
س : مَن فوتبال دوست دارَم و هَمیشه فوتبال تَماشا می‌کُنَم.
آ : سَرگَرمی تو چیست؟
س : مَن فوتبال بازی می‌کُنَم، گاهی هَم گیتار می زَنَم. تو چِطور؟
آ : مَن تِنیس بازی می‌کُنَم، مَعمولاً شَنبه ها با دوستانَم بِه خَرید می رَویم.

5. Write the correct word in the sentences:

۱ – آذَر رانَندِگی را ....

۲ – سیروس هَمیشه فوتبال ....

۳ – سَرگَرمیِ سیروس، بازیِ فوتبال ....

۴ – سیروس گاهی ....

۵ – آذَر با دوستانَش به ....

6. Pair work.

شُما ساعَتِ چَند اَز خانه حَرِکَت می‌کُنید؟

با چی می رَوید؟

کُجا می رَوید؟ آخِرِ هَفته ها کُجا می رَوید؟

سَرگَرمی هایِ شُما چیست؟

هَمیشه	مَعمولاً	گاهی	سَرگَرمی
			تِلِویزیون تَماشا کَردَن
			آشپَزی کَردَن
			کِتاب خواندَن
			خَرید رَفتَن
			رِستوران غَذا خوردَن
			تِنیس بازی کَردَن

دَرسِ دَوازدَه

Lesson Twelve

Getting around
Where is the post office?

Vocabulary	لُغات
There	آنـجا
To bring	آوَردَن — آوَر
Around	اَطراف
First	اَوَّل
Business	بازَرگانی
Towards	به طَرَفِ
After / then	بَعد
Enough	به اَندازهٔ کافی
Park	پارک
Money	پول
To turn	پیچیدَن — پیچ
Post office	پُستخانه
To thank	تَشَکُّر کَردَن
South	جُنوب
Answer	جَواب
Left	چَپ
Traffic lights	چراغ قِرمِز
How	چگونه
A few days ago	چند روز پیش
Junction	چهارراه
To give	دادَن — دِه
To know	دانِستَن — دان
Hand	دَست

Thank you	دَستِ شُما دَرد نَکُنَد
You are welcome	سَرِ شُما دَرد نَکُنَد
On the corner	سَرِ نَبش
Supermarket	سوپِرمارکِت
Third	سِوُّم
Cinema	سینَما
East	شَرق
North	شُمال
City	شَهر
That's very nice of you	صاحِبَش قابِل دارَد
Side	طَرَف
West	غَرب
Tomorrow	فَردا
Physics	فیزیک
Don't mention it	قابِلی نَدارَد
Library	کِتابخانِه
Bookshop	کِتابفُروشی
Which	کُدام
To say	گُفتَن – گو
Management	مُدیریَّت
Straight	مُستَقیم
Mosque	مَسجِد
Facing	مُقابِل
Thank you	مَمنون
Near	نَزدیک

1. Listen to the conversation between Sorosh and Azar.

س : آذَر، خانۀ شُما کُجا است؟
آ : خانۀ ما نَزدیکِ سینَما چارلی است.
می دانی سینَما چارلی کُجاست؟
س :بَله. سینَما چارلی کِنارِ یک رستوران
است. جِلوی آن یک خیابانِ بُزُرگ است.
اِسمِ آن خیابان چیست؟
آ : خیابانِ حافِظ. سَرِ خیابان دَستِ چَپ یک کِتابخانه است.
س : پلاکِ خانه تان چَند است؟
آ : پلاکِ ۳۵

2. Have a similar conversation with your friend.

دانِشگاهِ سوسَن

دانِشگاهِ مَن دَر تِهران است. تِهران شَهرِ بُزُرگی است. دانِشگاهَم دَر خیابانِ روزبه است. اَز خیابانِ اِصفِهان می پیچی دَستِ راست. مُستَقیم می رَوی. بَعد دَستِ چَپ می پیچی. بَعد اَز چهارراهِ اَوَّل. دانِشگاهِ مَن آنجاست. مُقابِلِ دانِشگاه یک کِتابفُروشی است. مَن هَمیشه اَز آنجا کِتاب می خَرَم. چَند روز پیش

بِه آنجا رَفتَم وَ کِتابی بَرای دَرسِ فیزیک خَریدَم. دوستَم مَریَم هَم آنجا بود و گُفت که پول به اَندازۀ کافی نَدارَد. او اَز مَن پول گِرفت. یک کِتاب بَرای دَرسِ مُدیریَّت وَ بازَرگانی خَرید. او گُفت:
«خِیلی مَمنون. فَردا پول را به دانِشگاه می آوَرَم وَ به تو می دَهَم.»
گُفتَم: «قابِلی نَدارَد.» گُفت: «صاحِبَش قابِل دارَد». «دَستِ شُما دَرد نَکُنَد.» مَن هَم جَواب دادَم: «سَرِ شُما دَرد نَکُنَد.»

3. Answer in complete sentences:

۱ – دانِشگاهِ سوسَن در کُدام شَهر است؟ ....

۲ – اِسمِ خیابانِ دانِشگاهِ او چیست؟ ....

۳ – چطور به خیابانِ روزبه می رَویم؟ ....

۴ – کِتابفُروشی کُجاست؟ ....

۵ – سوسَن چه کِتابی اَز آنجا خَرید؟ ....

۶ – مَریَم به سوسَن چه گُفت؟ ....

۷ – مَریَم چه کِتابی خَرید؟ ....

۸ – مَریَم گُفت کِی پول را به سوسَن می دِهَد؟ ....

۹ – مَریَم از سوسَن چگونه تَشَکُّر کَرد؟ ....

۱۰ – سوسَن چه جَوابی داد؟ ....

4. Work in pairs.
Have a similar conversation.

5. Listen and read.

اُمید: بِبَخشید، این اَطراف سوپر مارکِت هَست؟
سوسَن: بَله، مُستَقیم بِرَوید بَعد اَز چراغ قِرمِز سِوّم سَرِ نَبشِ خیابان، یک سوپرِ کوچک است.
اُمید: بِبَخشید به طَرَفِ شُمال است یا جُنوب؟
سوسَن: به طَرَفِ غَرب است. دَر شَرقِ خیابان یک مَسجِد است.

6. Work in pairs.

Ask how to get to:

The Post office
The Supermarket
The Cinema
The Park

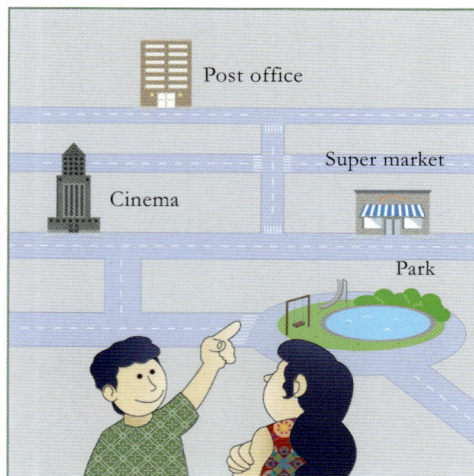

دَرسِ سیزدَه
Lesson Thirteen

Travel
Buying Tickets

Vocabulary	لُغات
Works	آثار
Islamic	اِسلامی
This year	اِمسال
Station	ایستگاه
Ancient	باستان
Must	بایَد
To return	بَرگَشتَن – بَرگَرد
Help yourself	بِفَرمایید
Ticket	بِلیط
Capital	پایتَخت
Flight	پَرواز
To get off	پیاده شُدَن – شَو
Summer	تابِستان
To delay	تَأخیرداشتَن – دار
History	تاریخ
To decide	تَصمیم داشتَن – دار
To have a place	جا داشتَن – دار
We miss you	جایِ شُما را خالی می کُنیم
World	جَهان / دُنیا
How much / long	چِقَدر
Fourteen	چهاردَهُم
About / around	حُدود
To want	خواستَن – خواه

To have a nice time	خوش گُذَراندَن – گُذَرا
Second	دُوُّمین
Embassy	سِفارَت
Trip / travel	سَفَر
Have a nice trip	سَفَر بِخِیر
Platform	سَکو
To get on	سَوار شُدَن – شَو
Perhaps	شایَد
To become	شُدَن-شَو
Poem	شِعر
To take time	طول کِشیدَن – کِش
To change	عَوَض کَردَن – کُن
To send	فِرستادَن – فِرِست
February	فِوریه
Luggage section	قِسمَتِ بار
Train	قَطار
Ghom (a city in Iran)	قُم
That / when / which / who	که
Passport	گُذَرنامه
Past	گُذَشته
Please	لُطفاً
To stay	ماندَن – مان
Unfortunately	مُتَأَسِّفانه
Religion	مَذهَب
Letter	نامه
To write	نِوشتَن – نِویس
Airplane	هَواپیما
To obtain a visa	ویزا گِرِفتَن – گیر
One way / two way	یِک سَره/دو سَره
Learning	یادگیری

1. Listen to a conversation between the travel agent and Said.

س. یِک بِلیط بَرایِ لَندَن مـی خـواهَم.

ت. یِک سَره یا دوسَره؟

س. دوسَره لُطفاً.

ت. کِـی مـی خواهید بِرَوید؟

س. ۱۵ دِسامبِر.

ت. کِـی بَرمـی گَردید؟

س. ۴ فِوریه. بِبَخشید. پَرواز چِقَدر طول مـی کِشَـد؟

ت. حدودِ شِـش ساعَت.

س. پَرواز مُسـتَقیم است؟

ت. بَله. مُتَأسِّـفانه ۱۵ دِسامبر جا نَداریم، چهارَدَهُم خوب است؟

س. بَله، مِرسـی.

ت. لُطفاً گُذَرنامه تان را بِدَهید.

س. بِفَرمایید. چِقَدر میشَوَد؟

ت. ۷۰۰۰۰۰ تومَن.

س. بِفَرمایید.

ت. مُتشَکّـِرَم، این هَم بِلیطِ تان، سَفَر بِخِیر.

دِ و یست	۲۰۰
سیصَد	۳۰۰
چها ر صَد	۴۰۰
پا نصَد	۵۰۰
شِـشصَد	۶۰۰
هَفتصَد	۷۰۰
هَشتصَد	۸۰۰
نُهصَد	۹۰۰
هِزار	۱۰۰۰

2. Read the following passage. Translate into English, and answer the questions below in Persian. Make sure you complete your answers in full.

سَفَر بِه ایران

مَن وَ دوستَم لوسی می‌خواهیم اِمسال تابِستان به ایران بِرَویم. ما بَرای یادگیری فارسی بِه دانِشگاهِ اِصفِهان می‌رَویم. ما بایَد اَز سِفارَتِ ایران ویزا بِگیریم. هَفتهِ گُذَشتِه یِک ایمیل به دانِشگاهِ اِصفِهان فِرستادیم. آنها از دانِشگاهِ ما دَر لَندَن یِک نامِه خواستَند. دانِشگاه مان دَر نامه نِوِشت کِه: ما دانشجویِ زَبانِ فارسی هَستیم. دانِشگاه اِصفِهان جَواب داد کِه: ”بَرای ویزای شِما یِک ایمیل به سِفارَتِ ایران می نِویسیم، تا شِما بِتَوانید ویزا بِگیرید.“ می‌خواهیم سِه هَفته دَر ایران بِمانیم. دَر این سِه هَفتِه تَصمیم داریم به تِهران، اِصفِهان، شیراز و یَزد بِرَویم. اِمسال اِصفِهان پایتَختِ آثارِ اِسلامیِ جَهان است وَ شیراز دوّمین شَهرِ شِعرِ دُنیا است. دَر یَزد آثارِ تاریخ وَ مَذهَبِ باستانِ ایران است. این سَفَرِ اَوّلِ ما بِه ایران است.

ما از لَندَن با هَواپیما بِه تِهران می‌رَویم. امّا تَصمیم داریم از تِهران با قَطار بِه اِصفِهان وَ شیراز بِرَویم. شایَد اَز شیراز با اتوبوس بِه یَزد بِرَویم. نـمی‌دانیم اَز یَزد چِطور بِه تِهران بَرمی‌گردیم. شایَد با تاکسی بَرگَردیم. می‌خواهیم دَر ایران خِیلی خوش بِگُذَرانیم. جایِ شُما را هَم خالی می‌کُنیم.

۱ - آنها تابِستان بِه کُجا می‌خواهَند بِرَوَند؟ ....

۲ - بَرای چه بِه ایران میرَوَند؟ ....

۳ - اَز کجا بایَد ویزا بگیرند؟ ....

۴ - بَرای چه بِه دانِشگاه اِصفِهان ایمیل فِرستادَند؟ ....

۵ - دانِشگاه اِصفِهان چه جَواب داد؟ ....

۶ - آنها می‌خواهَند چِقدر دَر ایران بِمانَند؟ ....

۷ - بِه کُدام شَهرها می‌خواهَند بِرَوَند؟ ....

۸ - با چی بِه اِصفِهان و شیراز می‌رَوَند؟ ....

۹ - آنها می خواهَند با چی بِه تِهران بِرَوَند؟ ....

۱۰ - آیا با هواپیما بِه اِصفِهان می‌رَوَند؟ ....

۱۱ - چِطور بِه تِهران بَرمی‌گَردَند؟ ....

3. Listen and read.

س. اُمید می دانی قِسمَتِ بارِ ایستگاه قَطار کُجاست؟

ا. بَله، آن روبِرو است.

س. آیا قَطار تأخیر دارَد؟

ا. نَه، کُدام ایستگاه می خواهی پیادِه بِشَوی؟

س. ایستگاهِ شَهرِ هَمَدان. می دانی سَکویِ قَطارِ شَهرِ هَمَدان کُجاست؟

ا. اینجا سَکو نَدارَد. بایَد سَوارِ قَطارِ قُم بِشَوی و دَر قُم قَطار را عَوَض کُنی.

س. مَن دَرایستگاه بَعدی پیادِه می شَوَم.

Present Subjunctive

The present subjunctive is formed by prefixing بِ and suffixing personal endings to the present stem.

Personal Endings + Present Stem + بِ

بِ + رِس + ـَـ م ⟵ بِرِسَم

I may arrive.	بِرِسَم	مَن
You may arrive.	بِرِسی	تو
He may arrive.	بِرِسَد	او
We may arrive.	بِرِسیم	ما
You may arrive.	بِرِسید	شُما
They may arrive.	بِرِسَند	آنها

دَرسِ چهاردَه

Lesson Fourteen

People

I am a student

Vocabulary	لُغات
Future	آینده
To marry	اِزدِواج کَردَن
Now	اَکنون
If	اَگر
Now	اَلان
A part	بَخشی
Programme	بَرنامه
Completely	بِطورِ کامِل
To know	بَلَد بودَن
Therefore / so	بَنابَراین
To be born	به دنیا آمَدن
To wear	پوشیدَن - پوش
To finish	تَمام شُدن - شو
Interesting	جالِب
How long / how far	چقَدر راه
To laugh	خَندیدَن - خَند
Dormitory	خوابگاه
About	دَربارهٔ
Caspian Sea	دَریایِ خَزَر
Course	دوره
Far away	راهِ دور

Roudsar (a city in Iran)	رودسَر
Beach	ساحِل
Simple	ساده
To smoke	سیگار کِشیدَن - کِش
To start	شُروع شُدَن - کَردَن
To speak	صُحبَت کَردَن
Arabic	عَرَبی
To wear glasses	عِینَک زَدَن
A little	کَمی
To listen	گوش کَردَن
To enjoy	لِذَّت بُردَن
Single	مُجَرَّد
Problem / difficult / hard	مُشکِل
Name	نام
Family name	نام خانِوادِگی
Painter	نَقّاش
Part time	نیمه وَقت
Also	هَمچِنین
Art	هُنَر
Really	واقِعاً
Solicitor	وَکیل
To learn	یاد گِرِفتَن - گیر

1. Read and listen to the text about Payam, a student in Iran.

سَلام، اِسمِ مَن پَیام حَسَنی است. مَن اَهلِ رودسَر، شَهری دَر ساحِلِ جُنوبی دَریایِ خَزَر هَستَم. وَلی دانشجویِ دانشگاهِ اِصفهان هَستَم. مَن دَرسِ انگلیسی وَ عَرَبی می‌خوانَم وَ می خواهَم به این زَبانها بِطورِ کامِل صُحبَت کنَم. هَمچنین کَمی ایتالیایی می دانَم، بَنابَراین میتوانَم دَر آینده به چهار زَبان صُحبَت کنَم. مَن از این دَرسها خیلی لِذَّت می بَرَم وَلی کارِ خیلی مُشکلی است. مَن دَر خوابگاهِ دانِشجویان زِندگی می کُنَم. دَر این خوابگاه کِه بَخشی از دانِشگاه است، حُدودِ سی دانشجویِ دیگَر نیز زندگی می کُنَند. دورهٔ دَرسی مَن دو سالِ پیش شُروع شُد وَ مَن اکنون دَر سالِ سِوُّم هَستَم. بَعداز این دوره می‌خواهَم دَر اِنگِلِستان کار کُنَم.

2. This is Sorosh. He is also a student in Iran. Ask questions about him to get similar information.

Example:

۱ – نام خانِوادگی او چیست؟

۲ – او .... کُجاست؟

۳ – .... دَرسی می‌خوانَد؟

۴ – او به چَند .... صُحبَت می‌کُنَد؟

۵ – آیا اَز .... لِذَّت می‌بَرَد؟

۶ – .... زندگی می‌کُنَد؟

۷ – با .... زندگی می‌کُنَد؟

۸ – .... دورِه اَش را شُروع کَرده است؟

۹ – بَعد از دورِه اَش .... می‌کُنَد؟

3. Match the questions with the correct answers.

کُجا به دنیا آمده اید؟	با اُتوبوس
اِزدواج کَرده اید؟	مُعَلِّم هَستَم
چِکاره هَستید؟	سه تا
چَند تا بَچّه دارید؟	دَر تِهران
از رودسَر تا اِصفِهان چِقَدر راه است؟	بَرای کارَم
چِطور به دانِشگاه می‌آیید؟	حُدودِ ۲۰۰ کیلومِتر
چِرا اِنگِلیسی می‌خوانید؟	نَه، مُجَرَّد هَستَم

4. Work in pairs.
Ask and answer the following questions.

کُجا زِندِگی می‌کُنی؟

چِکار می کُنی؟

چِرا فارسی می‌خوانی؟

5. Work in small groups.
Ask and answer the following questions.

سیگار می کِشی؟

اَگر می کِشی، روزی چَند تا می‌کِشی؟

مُعَلِّمَت سیگار می‌کِشَد؟

او اَلان سیگار می‌کِشَد؟

عِینَک می زَنی؟

اَلان هَم عِینَک می‌زَنی؟

چی پوشیدِه ای؟

دوستَت چی پوشیدِه است؟

6. Work in small groups.
Ask and answer the following questions.

کی می خَندَد؟

کی صُحبَت می کُند؟

کی گوش می کُند؟

کی می نِویسَد؟

7. Read and listen. Answer the questions in complete sentences.

اِسمِ مَن مَریَم اَمیری است. مَن ایرانی هَستَم. مَن دَرسِ هُنَر می خوانَم، وَلی به دانِشگاه نِمی رَوَم. مَن دَر خانه دَرس می خوانَم. دَرس هایَم را اَز اینتِرنِت یاد گِرِفته اَم. اَکنون مَن دَربارهٔ زِندگی نَقّاشانِ ایتالیایی دَرس می خوانَم که خیلی مُشکِل است، چون که مَن فَقَط کَمی ایتالیایی بَلَد هَستَم. این دوره واقِعاً جالِب است. مَن یِک کارِ نیمه وَقت دارَم. مَن نَزدیکِ تِهران زِندگی می کُنَم. مَن اَز پانزدَه سالِ پیش بِه تِهران آمَده اَم. اِزدِواج کَرده اَم وَ اسمِ شوهَرَم اُمید است. او وَکیل است. ما سه تا بَچّه داریم، دو دُختَر وَ یِک پِسَر. دورهٔ دَرسیِ مَن اَز یِک سالِ پیش شُروع شُده است وَ سه سال طول می کِشَد.

۱ – مَریَم چه دَرسی می‌خوانَد؟ ....

۲ – او به کُدام دانِشگاه می‌رَوَد؟ ....

۳ – دَر حالِ حاضِر دَربارهٔ کی دَرس می‌خوانَد؟ ....

۴ – آیا او خوب ایتالیایی بَلَد است؟ ....

۵ – آیا او کار می‌کُنَد؟ ....

۶ – آیا او اِزدِواج کَرده است؟ ....

۷ – چَند تا بَچّه دارَد؟ ....

۸ – دورهٔ دَرسی‌اَش را کِی شُروع کَرده است؟ ....

۹ – دَرسَش چَند سال طول می‌کِشَد؟ ....

Past Participle

The past participle is formed by adding ـه / ه to the past stem. The past stem for the verb 'to go' رَفتَن is رَفت , by adding ه we have the past participle of this verb 'gone' رَفته .

Seen	دیده	←	ه	+	دید
Eaten	خورده	←	ه	+	خورد
Come	آمَده	←	ه	+	آمَد

Present Perfect

When we use the present perfect there is always a connection with now. The action in the past has a result now.

Present Perfect is made by:

Past Participle + Personal Endings = Present Perfect

I have bought	اَم	+	خَریده
You have bought	ای	+	خَریده
He/She has bought	است	+	خَریده
We have bought	ایم	+	خَریده
You have bought	اید	+	خَریده
They have bought	اند	+	خَریده

8. Change the Infinitives into the present perfect.

۱ – شُما غَذا .... (خوردَن)

۲ – او اِزدِواج .... (کَردَن)

۳ – آنها به آمریکا .... (رَفتَن)

۴ – کی ساندِویچ ....؟ (خَریدَن)

۵ – ما اَز دیروز دَر خانه.. (بودَن)

۶ – تو او را ....؟ (دیدَن)

15

دَرسِ پانزدَه

Lesson Fifteen

Health / Parts of the body
I have a headache

Vocabulary	لُغات
Eyebrow	اَبرو
To rest	اِستِراحَت کَردَن
Today	اِمروز
Afternoon	بَعدازظُهر
Ill / sick	بیمار
Nose	بینی
Foot / leg	پا
Full	پُر
Bed	تَخت
Why	چِرا
Eye	چِشم
Now	حال
To Feel	حِس کَردَن
Goodbye	خُداحافِظ
To sleep	خوابیدَن-خواب
Pain	دَرد
To have pain	دَرد گِرفتَن/داشتَن/کَردَن
Stomach-ache	دِل دَرد
Tooth	دَندان
Mouth	دَهان
Again	دوباره
Head	سَر
Cold	سَرد
Headache	سَردَرد
To cough	سُرفه کَردَن

To have a cold	سَرماخوردَن
Cold	سَرماخوردگی
Piercing	سوراخ کَردَن
To wash	شُستَن - شو
Face	صورَت
To think	فِکرکَردَن
Before	قَبل
Tablet	قُرص
Ear	گوش
Painkiller	مُسَکِّن
Surgery	مَطَب
Exam	مُعاینه
To visit	مُلاقات کَردَن
Secretary	مُنشی
Letter	نامه
Prescription	نُسخه
Still	هَنوز
Time	وَقت
To make an appointment	وَقت دادَن / گِرفتَن
When	وَقتیکه

1. **Read the following passage. Translate into English, and answer the questions below in Persian. Make sure your answers are complete.**

اِمروز بِه مُلاقاتِ دوستَم رَفتَم. او بیمار بود وَ دَر تَخت خوابیده بود. از او پُرسیدَم: چَند وَقت است کِه بیمار هَستی؟ گُفت: دو روز پیش به خانهٔ خواهَرَم رَفتَم. دَر آنجا غَذا خوردَم وَ بَعد کَمی خوابیدَم. وَقتی بیدار شُدَم، حِس کَردَم سَرَم دَرد می کُنَد. یِک قُرص مُسَکِّن خوردَم. تا آن وَقت فِکر می کَردَم کِه با یک مُسَکِّن سَرَم خوب می شَود. اَمّا سَرَم خوب نَشُد. شَب با سَردَرد خوابیدَم وَ وَقتیکه صُبح بیدار شُدَم هَنوز سَرَم دَرد می کَرد. چِشمهایَم قِرمِز شُده بود. خِیلی سُرفه می کَردَم. رَنگِ صورَتَم زَرد بود. خواهَرَم گُفت: بِهتَر است کِه پیشِ دُکتُر بِروی.

بِه مَطبِ دُکتُر تِلِفُن کَردم وَ وَقت گِرفتَم. مُنشیِ دُکتُر ساعتِ پَنج بَعدازظهر به مَن وَقت داد. پیشِ دُکتُر رَفتَم و او بَعد از مُعاینه بَرایَم یِک نُسخه نِوشت و قُرصِ مُسَکّن وَ آنتی بیوتیک داد. دُکتر گُفت: سَرما خورده‌اَم وَ باید اِستِراحَت بِکُنَم وَ هَر شِش ساعَت یِک قُرصِ آنتی بیوتیک بخورَم. هَنوز حالَم خوب نَشده است و دِل دَرد دارَم. می‌خواهَم دوباره پیشِ دُکتُر بروم. از او پُرسیدَم: آیا اِمروز حالَت اَز دیروز بِهتَر نشُده است؟ گُفت: بله. کَمی بِهتَر شُده‌ام اَمّا خوب نَشُده‌ام. یِک ساعت پیشِ او بودَم وَ بَعد خُداحافِظی کَردَم وَ به خانهٔ خودمان رَفتَم. حالا اِحساس می کُنَم کِه سَرَم دَرد می‌کُنَد. فِکر می‌کُنَم کِه از دوستَم سَرماخوردِگی را گِرفته ام.

۱ – کِی به خانهٔ دوستَش رَفته بود؟ ....

۲ – چِرا به خانهٔ دوستَش رَفته بود؟ ....

۳ – دوستَش چِرا بیمار شُده بود؟ ....

۴ – دوستَش بَعد از غذا چِکار کَرد؟ ....

۵ – دوستَش وَقتی بیدار شُد چه حِس کَرد؟ ....

۶ – مُنشیِ دُکتُر کِی به او وَقت داد؟ ....

۷ – دُکتُر اَوّل چِکار کَرد؟ ....

۸ – دُکتُر به او چه داد وَ چه گُفت؟ ....

۹ – وَقتیکه صُبح بیدار شُد حالَش چِطور بود؟ ....

۱۰ – وَقتیکه او به خانه رَفت چه احساس کَرد؟ ....

Past Perfect

Past Perfect is:

Past Participle + بود + Personal Endings

I had written	نِوشته بودم	←	بودم
You had written	نِوشته بودی	←	بودی
He/She had written	نِوشته بود	←	بود
We had written	نِوشته بودیم	←	بودیم
You had written	نِوشته بودید	←	بودید
They had written	نِوشته بودَند	←	بودَند

نِوشته + { بودم، بودی، بود، بودیم، بودید، بودَند }

2. Change the infinitives into the past perfect.

۱ – او به دُکتُر .... (رَفتَن)

۲ – شُما چَند تا نامه .... (نِوشتَن)

۳ – تو پاریس را .... (دیدَن)

۴ – آنها دَست و صورَتشان را .... (شُستَن)

۵ – او شَلوار .... (پوشیدَن)

۶ – پاهایَش سَرد .... (شُدَن)

۷ – چَشم هایَم قِرمِز .... (شُدَن)

The negative form:

I had not arrived	نَرسیده بودَم ←	رِسیده بودَم +	نَـ

3. Change the infinitives into the negative past perfect.

۱ – مَن قَبل از او به لَندَن ....(رسیدَن)
۲ – دَهانِ او پُر از غَذا ....(شُدَن)
۳ – بینیِ او ....(گِرفتَن)
۴ – موهایَش را ....(زَدَن)
۵ – دَندان هایَم را ....(پُر کَردَن)
۶ – اَبروهایَم را ....(بَرداشتَن)
۷ – گوش هایَش را ....(سوراخ کَردَن)

4. Read and Listen.

س. چرا بِه دُکتُر رَفته بودی؟
ت . سه روزِ قَبل دَندانَم دَرد گِرفته بود. صورَتَم قِرمِز و حالَم خیلی بَد شُده بود.
س. چِطوری از مُنشیِ دُکتُر وَقت گِرفتی؟
ت. بِه او تِلِفُن کَردَم و بَرایِ ساعَتِ ۳ به مَن وَقت داد.

5. Pair work.

A: کُجایَت دَرد می کَرد که پیشِ دُکتُر رَفته بودی؟
B: سَرَم دَرد می کَرد.

16

دَرسِ شانزدَه

Lesson Sixteen

Holiday
What are you doing now?

Vocabulary	لُغات
To sing	آواز خواندَن
Spain	اِسپانیا
Ice cream	بَستَنی
Summer	تابِستان
Vacation / holiday	تَعطیلات
To have a pleasant time	خوش گُذَشتَن
Degree / level	دَرجه
Other	دیگر
Earlier	زودتَر
To Swim	شِناکَردَن
Breakfast	صُبحانِه
Picture	عَکس
Airport	فُرودگاه
Trip	مُسافِرَت
Lunch	ناهار
Volleyball	والیبال

1. Listen to Sarah about her trip.

سَفَر به کِنارِ دَریا

با دوستَم دارَم صُحبَت می‌کنَم. ما می‌خواهیم دَر تابِستان به مُسافِرَت بِرَویم. فَردا می‌خواهیم به فُرودگاه بِرَویم. تَعطیلاتِ تابِستانِ سالِ گُذَشته به اِسپانیا رَفته بودیم. اَلان عَکس هایِ آن مُسافِرَت را داریم تَماشا می‌کُنیم. دَر یِکی اَز عَکس ها مادَرَم دارَد شِنا می‌کُنَد وَ پِدَرَم بَستَنی دارَد می‌خورَد. آنها دَر کِنارِ دَریا هَستَند. خانوادهٔ شوهَرَم هَم دارَند والیبال بازی می‌کُنَند. دَر عَکسِ دیگَری مَن وَ دوستَم داریم پیتزا می‌خوریم. خِیلی به ما خوش گُذَشت.
دو هَفته دَر آنجا ماندیم. دَر یِک هُتِلِ دَرَجهٔ یِک بودیم. دَر این هُتِل، رِستورانِ قَشَنگی بود که هَمیشه شُلوغ بود. صُبحانه‌مان را دَر آن رِستوران می‌خوردیم وَلی ناهار را دَر کِنارِ دَریا می‌خوردیم. شَبها وَقتیکه به هُتِل بَرمی‌گَشتیم هَمه به اُتاق هایِشان رَفته بودَند. یِک عَکسِ دیگَر هَم هَست که دَر رِستورانِ هُتِل دارَند آواز می‌خوانَند. بایَد اِمشَب زودتَر بِخوابیم، چون فَردا صُبح زود ساعَتِ ۶ تاکسی می آیَد تا ما را به فُرودگاه بِبَرَد. خِیلی خوشحال هَستَم.

2. Answer the questions in complete sentences.

۱ – آنها فَردا مـی‌خواهَند به کُجا بِرَوَند؟ ....

۲ – سالِ گُذَشته به کُجا رفته بودَند؟ ....

دَر عَکس‌ها:

۳ – مادرِ سارا دارَد چِکار مـی‌کُنَد؟ ....

۴ – پِدرش دارَد چِکار مـی‌کُنَد؟ ....

۵ – خانوادهٔ شوهَرَش دارَند چِکار مـی‌کُنَند؟ ....

۶ – سارا و دوستَش دارَند چِکار مـی‌کُنَند؟ ....

۷ – آنها صُبحانه کُجا مـی‌خوردَند؟ ....

۸ – دَر کِنارِ دَریا ناهار مـی‌خوردَند؟ ....

۹ – فَردا با چی به فرودگاه مـی‌رَوَند؟ ....

۱۰ – ساعَتِ چَند به فرودگاه مـی‌رَوَند؟ ....

Present Progressive

Present Progressive is:

Personal Endings + Present Stem + Personal Endings + دار

I am eating	دارَم مـی خورَم	←	مـی خورَم	+	دارَم	+ مَن
You are eating	داری مـی خوری	←	مـی خوری	+	داری	+ تو
He/She is eating	دارَد مـی خورَد	←	مـی خورَد	+	دارَد	+ او
We are eating	داریم مـی خوریم	←	مـی خوریم	+	داریم	+ ما
You are eating	دارید مـی خورید	←	مـی خورید	+	دارید	+ شُما
They are eating	دارَند مـی خورَند	←	مـی خورَند	+	دارَند	+ آنها

چِکار داری مـی کُنی؟

۱ – دارَم به سینَما مـی رَوَم.

۲ – دارَم غَذا مـی خورَم.

۳ – دارَم دَرس مـی خوانَم.

3. Pair work.
Ask your partner what he/she is doing right now.

4.Translate the following sentences to English.

۱ – سارا با دوستَش دارَد دَرس میخوانَد.
۲ – شُما بِه سینَما دارید میرَوید؟
۳ – اَلان داری چکار میکُنی؟
۴ – وَقتیکِه مَن به خانۀ آنها رِسیدَم او رَفته بود.
۵ – از ساعَتِ ۹ صُبح تا اَلان مَن دَر خانه مانده‌ام وَ دارَم کار میکُنَم.
۶ – شُما هَر روز چَند ساعَت کار میکُنید؟

....

....

....

....

....

....

5. Translate the following sentences to Persian.

1. Would you like something to eat? ....
....
2. I am reading a book right now. ....
....
3. I am tired. I am going to bed now. Good night. ....
....
4. Maryam has started her driving lesson. ....
....
5. Sara wants to work in Iran, so she is learning Persian. ....
....
6. I think Sara and Dara are sister and brother. ....
....
7. You are working hard today. Yes, I have a lot to do. ....
....
8. She is a student at university and is having a great time and does not want to go back.
....

دَرسِ هِفدَه

Lesson Seventeen

Planning

When will you decorate your house?

Vocabulary	لُغات
To continue	اِدامه دادَن
To add	اِضافه كَردَن
Of course	اَلبَتّه
Then / later	بَعداً
To clean	تَميز كَردَن
Pregnant	حامِله
Law	حُقوق
To invite	دَعوَت كَردَن
Corridor	راهرو
Subject	رشته
To give birth	زايِمان
Loft	زيرِ شيروانى
Dinner	شام
Chemistry	شيمى
Also	ضِمناً
Dish	ظَرف
Apart from	غِير از
To know / understand	فَهميدَن - فَهم
Masters (degree)	فوقِ ليسانس
A person	كَسى

Month / moon	ماه
Fitted carpet	موکت
Painting	نَقّاشی
Tools / things	وَسایِل

Future tense

The present stem of خواستَن followed by the past stem or short infinitive forms the future. The verb خواستَن in the future tense means "will/shall" not "to want".

Present stem خواه as the auxiliary verb without the می followed by the past stem.

خواه +

I will go	خواهَم رَفت	←	رَفت	+ ـَ م
You will go	خواهی رَفت	←	رَفت	+ ای
He will go	خواهَد رَفت	←	رَفت	+ ـَ د
We will go	خواهیم رَفت	←	رَفت	+ ایم
You will go	خواهید رَفت	←	رَفت	+ اید
They will go	خواهَند رَفت	←	رَفت	+ ـَ ند

1. Put the following infinitives into the future tense.

۱ – تو تابستان به کُجا .... (رَفتن)

۲ – او فَردا به خانهٔ ما .... (آمَدَن)

۳ – ما اِمشَب دَر خانهٔ شُما .... (خوابیدَن)

۴ – شُما اِسمِ خواهِرتان را به او .... (گُفتَن)

۵ – مَن تا ساعَتِ پَنج .... (رِسیدَن)

۶ – اِمسال تابستان به ایران .... (رَفتَن)

۷ – کِی کِتابِ پَیام را .... (خواندَن)

۸ – چَند سالِ دیگَر اُلمپیک .... (بودَن)

In the case of compound verbs خواهَم comes after the noun.

I will watch	تَماشا خواهَم کَرد	تَماشا کَردَن
I will study	دَرس خواهَم خواند	دَرس خواندَن

Adding the letter نَـ to the auxiliary verb forms the negative:

I will not see	نَخواهَم دید ←	نَـ + خواهَم دید
I will not study	دَرس نَخواهَم خواند ←	دَرس + نَـ + خواهَم خواند

2. Put the following infinitives into the negative form in the future.

۱ – آنها بَرای چَند روز دیگَر ما را .... (دَعوَت کَردَن)

۲ – شُما تا کِی با او .... (صُحبَت کَردَن)

۳ – او تا سه شَنبۀ آیَنده خانه را .... (تَمیز کَردَن)

۴ – تو آنها را فردا .... (دیدَن)

۵ – مَن بَعد اَز شام ظَرفها را .... (شُستَن)

۶ – امسال مَن به آمریکا .... (رَفتَن)

۷ – آنها فَردا .... (دَرس خواندَن)

۸ – او ماهِ آیَنده بَرای خَرید به پاریس .... (رَفتَن)

۹ – ما خانۀ مان را هَرگِز .... (رَنگ کَردَن)

۱۰ – آنها دو سال دیگَر خانۀ شان را .... (رَنگ کَردَن)

نَقّاشیِ خانهٔ مَریَم

ما حُدودِ دَه سال است کِه خانهٔ مان را رَنگ نَکَرده ایم. اَلبَتّه دو تا از اُتاق ها را سه سالِ پیش رَنگ کَرده بودیم. اِمسال تابِستان خانهٔ مان را رَنگ خواهیم کَرد. مَن دوست دارَم اُتاقَم را صورَتی و قِرمِز کُنَم. دیوارها صورَتی وَ موکِت قِرمِز وَ پَرده ها صورَتی وَ قِرمِز خواهَند بود. مادَرَم می خواهَد راهروها وَ اتاق نِشیمَن را سِفید کُنَد. دوتا نَقّاش دَر ماهِ ژوئَن به خانهٔ ما خواهَند آمَد.
یِکی دیوارها را رَنگ می کُنَد وَ دیگَری دَر و پَنجَره ها را رَنگ خواهَد کَرد. ضِمناً اِمسال می خواهیم یِک اُتاق به خانهٔ مان اِضافه کُنیم. این اُتاق زیرِ شیروانی خواهَد بود. این کار دو ماه طول خواهَد کِشید. این کارها هَمهٔ تابِستانِ ما را خواهَد گِرفت. مَن به مادَرَم تا پایانِ تابِستان بایَد کُمَک کُنَم. چه تابِستانی خواهَد بود! شایَد آخِرِ تابِستان به مُسافِرَت بِرَویم. این را بَعداً خواهَم فَهمید.

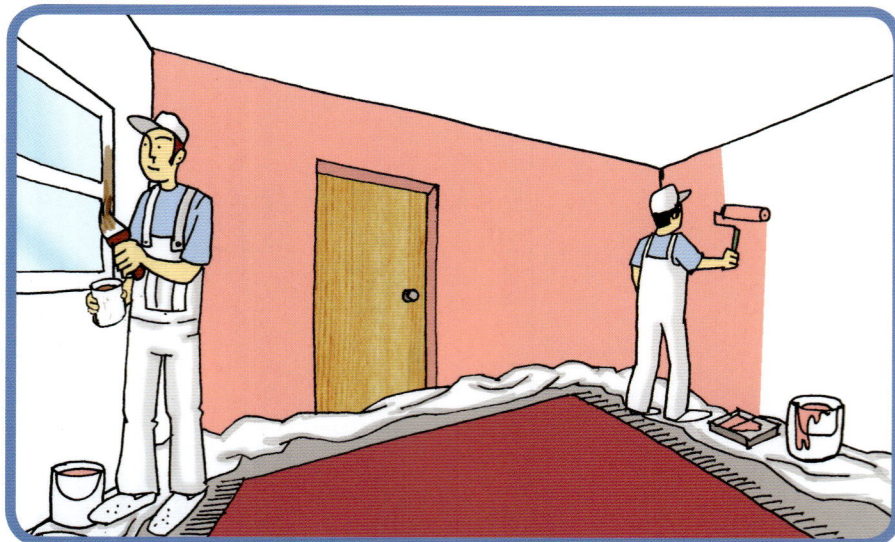

3. Answer the following questions in complete sentences.

۱ – آنها چَند سال است کِه خانهٔ شان را رَنگ نَکَرده‌اند؟ ....

۲ – اُتاقِ مَریَم چه رَنگی خواهَد شُد؟ ....

۳ – مادرِ مَریَم چه رَنگی را دوست دارَد؟ ....

۴ – نَقّاشان کِی به خانهٔ آنها خواهَند رَفت؟ ....

۵ – غِیر اَز رَنگ، دیگَر چکار خواهَند کَرد؟ ....

۶ – چَند تا نَقّاش به خانهٔ مَریَم خواهَند رَفت؟ ....

4. Listen to Ali and Maryam. What will you be studying next year?

م – عَلی، تو دَرسَت را اِدامه خواهی داد؟

ع – بَله، سالِ آیَنده بَرایِ فوق لیسانس به دانشگاهِ لَندَن خواهَم رَفت. تو چطور؟

م – مَن هَم می خواهَم دو سالِ دیگَر دُکترا بِگیرَم. اَمّا مَن سالِ آینده به دانِشگاه نَخواهَم رَفت.

ع – دو سالِ دیگَر چه رِشته ای خواهی خواند؟

م – رِشتهٔ شیمی خواهَم خواند. تو چی خواهی خواند؟

ع – مَن حُقوق خوانده ام و می خواهَم آنرا اِدامه بِدهَم.

5. Read, listen and answer the questions.

جولی حامِله است. او شِش ماهَش است.
یِکسال پیش با مایکِل اِزدِواج کَرد.
بَچّه اش سه ماه دیگَر بِدُنیا خواهَد آمد.
آنها دو ماه دیگَر یک تَختِ بَچّه و وَسایل
بَچّه را خواهَند خَرید. او بَرایِ زایمانَش به
بیمارِستانِ نَزدیکِ خانهٔ شان خواهَد رَفت.
مادَر و پِدَرَش اَز وِلز بَرایِ زایمانَش به لَندَن
خواهَند آمَد. دوستِ جولی، کِیت هَم از
بیرمَنگام خواهَد آمَد.

۱ – جولی چَند ماه حامِله است؟ ....
۲ – آیا او اِزدِواج کَرده است؟ ....
۳ – بَچّه‌اش کِی به دنیا خواهَد آمَد؟ ....
۴ – آنها دو ماهِ دیگَر چِکار خواهَند کرد ؟ ....
۵ – او به کُدام بیمارِستان خواهَد رَفت؟ ....
۶ – پِدَر و مادَرَش اهلِ کُجا هَستَند؟ ....
۷ – از بیرمَنگام چه کَسی می آیَد؟ ....

18

دَرسِ هِجدَه

Lesson Eighteen

Accident

Do you have car Insurance?

Vocabulary	لُغات
Cloudy	اَبری
Car	اُتومُبیل
But	اَمّا
Bus	اُتوبوس
Rain	باران
Insurance certificate	بَرگهٔ بیمه
As	بِعُنوانِ
Insurance	بیمِه
Last year	پارسال
To ask	پُرسیدَن - پُرس
History	تاریخ
To be afraid	تَرسیدَن - تَرس
Accident	تَصادُف
To save / to add	جَمع کَردَن
To break down	خَراب شُدن
Winter	زِمستان
Question	سؤال
Witness	شاهِد
Age	قِدمَت

Details	مُشَخَّصات
When	موقِعیکه
Suddenly	ناگَهان
Weather	هَوا

Past Progressive

The past progressive is formed in the same way as the present progressive. The only difference is that the simple past of داشتَن is used instead of simple present. The main verb is past continuous.

I was eating	مَن داشتَم می خوردَم	←	می خوردَم	+	داشتَم	+	مَن
You were eating	تو داشتی می خوردی	←	می خوردی	+	داشتی	+	تو
He was eating	او داشت می خورد	←	می خورد	+	داشت	+	او
We were eating	ما داشتیم می خوردیم	←	می خوردیم	+	داشتیم	+	ما
You were eating	شُما داشتید می خوردید	←	می خوردید	+	داشتید	+	شُما
They were eating	آنها داشتَند می خوردَند	←	می خوردَند	+	داشتَند	+	آنها

Compound Sentences

The past progressive mainly used in compound sentences. It shows two actions at the same time.

I was eating when you rang.

وَقتیکه تو تِلِفُن کَردی مَن داشتَم غَذا می‌خوردَم.

The teacher was teaching when he came to the class.

وَقتیکه او به کِلاس آمَد مُعَلِّم داشت دَرس می‌داد.

They were speaking when we went there.

موقِعیکه ما به آنجا رَفتیم آنها داشتَند صُحبَت می‌کَردَند.

1. Read and Listen.

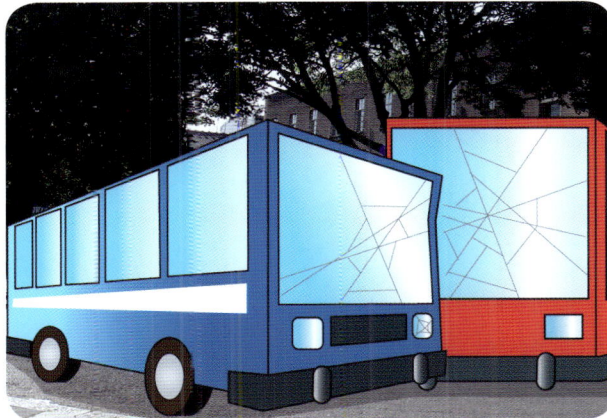

چهار سالِ پیش وَقتیکه اُمید به دانِشگاه داشت می‌رَفت دوستَش پَیام را دید. آنها با هَم به طَرَفِ دانِشگاه داشتَند می‌رَفتَند که دیدَند تَصادُف شُده است. رانَندهٔ دو اُتوبوس با پلیس داشتَند صُحبَت می‌کَردَند. هَر دو اُتوبوس خِیلی خَراب شُده بودند. پُلیس از آنها بَرگهٔ بیمه خواست. یکی از آنها بیمه نَبود. او خِیلی تَرسیده بود و نِمی‌دانِست چکار بکُنَد. می‌گُفت که: «تا دیروز ماشین بیمه بوده امّا حالا بیمه نیست.» پُلیس از اُمید پُرسید: «وَقتیکه داشتی می‌رَفتی تَصادُف را دیدی؟» او گُفت: «نَه.» از پَیام هَم هَمین سؤال را کَرد. او گُفت: «بَله. مَن به دانِشگاه داشتَم می‌رَفتَم که دیدَم این اُتوبوسِ آبی و سِفید ناگَهان رَفت جلویِ آن اُتوبوسِ قِرمِز و تَصادُف شُد.» پُلیس اِسم وَ مُشَخَّصاتِ پَیام را بِعُنوانِ شاهِدِ این تَصادُف نِوِشت.

2. Put the following infinitives into the correct forms of past progressive.

۱ - او .... (صُحبَت کَردَن)
۲ - شُما .... (دَرس خواندَن)
۳ - بَچّه ها .... (بازی کَردَن)
۴ - ما .... (بِه سینَما رَفتَن)
۵ - باران .... (آمَدَن)

The negative does not take **داشتَن**. Only add the prefix **نـِ** to the past continuous.

3. Put the following infinitives into the correct form of past progressive.

۱ - وَقتیکه او ....(آمَدَن) شُما ....(خوابیدَن)
۲ - وَقتیکه ما ....(رِسیدَن)پِدَرم ....(کِتاب خواندَن)
۳ - موقعیکه شُما بِه پاریس ....(رَفتَن) زِمِستان ....(شُدَن)
۴ - وَقتیکه خواهَرَم ....(آمَدَن) ما ....(وَرزِش کَردَن)
۵ - موقعیکه او ....(بَرگَشتَن) هَوا ....(اَبری شُدَن)

دَرسِ نوزدَه

Lesson Nineteen

Diet

I like chocolates!

Vocabulary	لُغات
Last year	پارسال
To cook	پُختَن - پَز
Rice	پُلو
Eggs	تُخم مُرغ
Box	جَعبه
To save / to add	جَمع کَردَن
Fat	چاق
Fatty food	غَذایِ چَرب
No problem	چَشم
Crisps	چیپس
Now	حالا
Aunt	خاله
Mrs / wife	خانُم
Stew	خورشت
Lucky	خوش شانس
Fortunately	خوشبَختانه
Happy	خوشحال
Cheerful	خوشرو
After	دُنبال
Diet	رِژیم
Early	زود
Healthy	سالِم
Sausages	سوسیس
Dinner	شام
Night	شَب
Noon	ظُهر

Carpet	فَرش
Only	فَقَط
Mushroom	قارچ
Sugar cube	قَند
To become strong	قَوی شُدَن
Kilo	کیلو
Expensive	گِران
Tomato	گوجه فَرَنگی
Slim	لاغَر
Bean	لوبیا
Specialist	مُتَخَصّص
Guest	میهمان
To be upset	ناراحَت بودَن
Soft drink	نوشابه

1. Listen to Sara and Payam.

س: پیام تو صُبحانه چی می خوری؟

پ: مَن مَعمولاً صُبحانهٔ اِنگِلیسی می خورَم.

س: صُبحانهٔ اِنگِلیسی چیست؟

پ: تُخمِ مُرغ، سوسیس، لوبیا وَ قارچ با گوجه فَرَنگی. سارا تو صُبحانه چی می‌خوری؟

س: مَن هیچ چیز نِمی خورَم.

پ: چرا، صُبحانه دوست نَداری؟

س: خِیلی دوست دارَم. اَمّا رژیم دارَم. هیچ چیز نِمی تَوانَم بِخورَم. دُکتُر گُفتِه آب بِخور وَ میوه وَ غَذای سالِم بِخور. پَیام تو چاق نِمی‌شَوی؟

پ: نَه، خوشبَختانه دُکتُر به مَن گُفته خوب بِخور زیاد هَم بِخور.

2. Now work in a group and ask about their diet.

3. Read and listen to the following about Narges. Translate into English and answer the questions below in Persian.

وَقتیکه ۸ ساله بودَم هَمیشه مادَرَم می گُفت: «دَرس بِخوان.» اَگَر دَرس نَمیخواندَم او می گُفت: «امروز شُکُلات نَمی تَوانی بِخوری.» پِدَرَم می گُفت: «وَرزِش کُن تا قَوی بِشَوی. خوب غَذا بِخور تا سالِم و خوشرو باشی.» یک شَب خِیلی میهمان داشتیم و نَمی خواستَم دَرس بِخوانَم. دُختَر خالِه ام اَز بِرایتون آمَده بود و یِک جَعبه شُکُلات آورده بود. او یِک دُکتُر است. وَقتیکه شُکُلات را به مَن داد خیلی خوشحال شُدَم. چون دَرس نَخوانده بودَم، مادَرَم گُفت: «شُکُلات نَبایَد بِخوری.» گُفتَم: «چَشم.» توی اُتاقَم رَفتَم وَ شُکُلاتی که دُختَر خالِه اَم آورده بود را خوردَم. دَر بَچّگی خِیلی شُکُلات دوست داشتَم وَ هَمیشه شُکُلات می خوردَم. هیچوَقت هَم چاق نَمی شُدَم. وَلی اَلان هَمیشه بایَد رِژیم بِگیرَم. دُختَر خالِه اَم حالا مُتِخَصّص لاغَری است. او به مَن گُفته است که: «غَذای چَرب نَخور، قَند وَ شُکُلات نَخور، چیپس نَخور وَ نوشابه هَم نَخور. میوه بِخور، آب بِخور وَ غَذای سالِم بِخور تا چاق نَشَوی.» حالا هَمیشه رِژیم دارَم. فَقَط اَز اینکه نَمی تَوانَم شُکُلات بِخورَم ناراحَت هَستَم. تا بَچّه بودَم، بَرای دَرس نَخواندَن شُکُلات نَمیخوردَم حالا هَم بَرای چاقی. آه .... چِقَدر شُکُلات دوست دارَم.

۱ – چرا نَرگِس نَمی تَوانِست شُکُلات بِخورَد؟ ....

۲ – پِدَرَش به او چه می گُفت؟ ....

۳ – دُختَر خالِه اَش از کُجا آمَده بود وَ کارِ او چه بود؟ ....

۴ – نَرگِس با جَعبهٔ شُکُلاتِ دُختَر خالِه اَش چِکار کَرد؟ ....

۵ – حالا دُختَر خالِه اَش به او می گویَد چه بِخورَد؟ ....

۶ – او چه نَبایَد بِخورَد وَ چرا نَبایَد بِخورَد؟ ....

4. Pair work. Tell your partner about your childhood. What were your "dos and don'ts" ?

Do	Do not
Go to bed.	Don't go to bed.
Stay with us.	Don't stay with us.

Imperative

Singular imperative forms by adding بـ to the present stem.

Plural imperative بـ takes the personal endings as well as the prefix.

Singular بـ + رو ← بُرو

Plural بـ + رو + اید ← بِرَوید

Come to our house tomorrow. فَردا به خانهٔ ما بیا.

Have lunch before noon. قَبل از ظُهر ناهار بخورید.

Negative Imperative

The negative imperative is formed by adding the prefix نـ to the present stem.

Singular نَـ + رو ← نَرو

Plural نَ + رو + اید ← نَروید

Do not go there. به آنجا نَرو.

Do not travel in the summer. در تابِستان به مُسافِرَت نَروید.

5. Payam and Sara are going to give a dinner party. Make imperative sentences from the infinitives.

۱ – دو کیلو گوشت .... (خریدَن)

۲ – پُلو و خورِشت .... (پُختَن)

۳ – میهمان ها را با تاکسی .... (آوَردَن)

۴ – زود دُنبالِ میهمان ها .... (رَفتَن)

۵ – بَعد از شام ظَرف ها را .... (شُستَن)

۶ – ساعَتِ یازدَهِ شَب هَم .... (خوابیدَن)

6. Work in pairs. One of you is Payam and one is Sara. Tell each other not to do things using negative imperatives from the above sentences.

7. Translate the following sentences into Persian.

1. He was having lunch when I came.
2. They have arrived from Shiraz and are staying at a hotel nearby.
3. When I was buying a book for my friend, the shop was closing.
4. We hope to see you next summer.
5. Is London bigger than Tehran?
6. They would love to go home next summer.
7. I've just finished my work. I've been working since 8 o'clock.
8. What do you like best about Iran?

8. Translate the following sentences into English.

۱ – دُکتر اَمیری بَرایِ تَعطیلاتِ تابستانی با خانواده اش به آمریکا می رَوَد.

۲ – دیروز دَربارهٔ کارَم با خانُمَم صُحبَت کَردَم.

۳ – کُدام یِک از آنها بَرادَرِ شُما ست؟ آن که کُت شَلوارِ سیاه پوشیده است؟

۴ – تاریخِ ایران بیش از دَه هِزار سال قِدمَت دارد.

۵ – آنها اِمسال می خواهَند بَرای اِسکی به سویس بِرَوَند.

۶ – پارسال سه ماه دَر پاریس کار می کَرد و داشت بَرای دانِشگاه پول جَمع می کَرد.

۷ – سالها پیش وَقتیکه به آلمان رَفتَم او داشت خانه می خَرید.

۸ – فَرشِ ایران بسیار زیبا و گِران است.

9. Work in pairs.

Tell your partner about something that happened when you were:

Going home
Studying
Eating
Sleeping
Watching TV
Playing football

20

دَرسِ بیست

Lesson Twenty

The Persian Empire

Where did you use to live?

Vocabulary	لُغات
Freedom	آزادی
Original	اَصل
Organs / members	اَعضاء
Creation	آفَرینِش
Action	اِقدام
Empire	اِمپِراطوری
Human	اِنسان
First	اَوَّلین
Ancient	باستان
Childhood	بَچّگی
To obtain	بَرقَرار کَردَن
Britannia	بریتانیا
Human being	بَنی آدَم
Before	بیش از
Message	پَیام
Equality	تَساوی
By	تَوَسُّط
Society	جامِعه
Who	چه کَسی
Around	حُدود
To memorize	حِفظ کَردن
Rights / law	حُقوق
Human rights	حُقوق بَشَر
Script / line	خَط
The Persian Gulf	خلیجِ فارس

The Black Sea	دَریایِ سیاه
Another	دِگَر
Life	روزگار
Time	زَمان
The United Nations	سازمانِ مِلَلِ مُتَّحِد
Entrance	سَردَر
Sa'di Shirazi (a great Persian poet)	سَعدیِ شیرازی
Stone	سَنگ
Petrographic	سَنگ نِوشته
Poet	شاعِر
Kings	شاهان
Poem	شِعر
Peace	صُلح
Organ / member	عُضو
Law	قانون
Olden times	قَدیم
Stability	قَرار
Century	قَرن
Cyrus the Great	کوروشِ کَبیر
Expensive	گِران
Jewel	گوهَر
Cylinder	لوحه
Related	مَربوط
Border	مَرز
Egypt	مِصر
Famous	مَعروف
Meaning	مَعنی
National	مِلّی
Museum	موزه
To be upset	ناراحَت شُدَن
Of the Muslim era	هِجری
To exist / there is	وُجود داشتَن
Means	یَعنی
One another	یِکدیگَر

Past Continuous

Adding the prefix مـی to the past stem plus personal endings forms past continuous.

مـی +	رَفت	+	اَم	←	مـی رَفتَم
	رَفت	+	ای	←	مـی رَفتی
	رَفت			←	مـی رَفت
	رَفت	+	ایم	←	مـی رَفتیم
	رَفت	+	اید	←	مـی رَفتید
	رَفت	+	اَند	←	مـی رَفتَند

Examples:

I used to play tennis ten years ago. — مَن دَه سالِ پیش تِنیس بازی مـی کَردَم.

We used to live in London in the year 2000. — دَر سالِ ۲۰۰۰ دَر لَندَن زِندِگـی مـی کَردیم.

1. Complete the following sentences.

۱ – سارا سه سالِ پیش به دانِشگاه .... (رَفتَن)

۲ – ما هَر سال به پاریس مـی رَفتیم وَ دَر هُتِل .... (ماندَن)

۳ – تو هر روز او را ....؟ (دیدَن)

۴ – شُما هَمیشه دَر رِستورانِ ایرانی غَذا .... (خوردَن)

۵ – او پارسال هَر روز ساعَتِ ۸ .... (بیدار شُدَن)

Negative form:

I was not going — نِـ + مـی رَفتَم ← نِـمـی رَفتَم

2. Put the following sentences in the negative form.

۱ – او چهار سالِ پیش گیتار .... (زَدَن)

۲ – دانشجویان ناهار را دَر رِستورانِ دانِشگاه .... (خوردَن)

۳ – ایرانیانِ قَدیم با خَطِّ عَرَبی .... (نوشتَن)

۴ – ما هَر سال بِه کِنار دَریا .... (رَفتَن)

۵ – چه روزهایی ....؟ (خَرید کَردَن)

3. Read the following text. Translate into English, and answer the questions below in Persian.

اِمپراطوریِ ایرانِ باستان

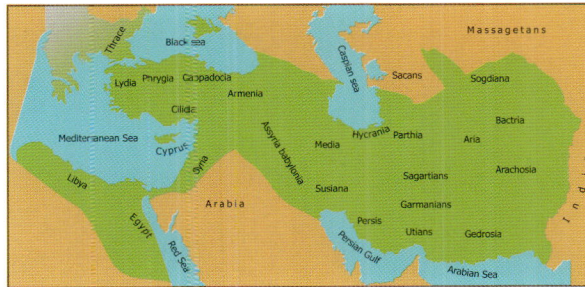

تاریخِ ایران بِه بیش اَز دَه هِزار سال می رسَد. اِمپراطوریِ ایرانِ باستان دَر غَرب تا مِصر، دَر شَرق بِه هندوستان، دَر جُنوب بِه خَلیجِ فارس و دَر شُمال تا دریایِ سیاه می رسید. شاهانِ ایران دَر آن زَمان دَر هَر کِشوَری کِه می رَفتَند، آزادی را بینِ مَردُم بَرقَرار می کَردَند. اَوَّلینِ قانونِ حُقوقِ بَشَر تَوَسُّطِ کوروشِ کَبیر، شاهِ ایران دَر حُدودِ ۲۵۰۰ سالِ پیش نِوِشته شُده بود. اَکنون این لوحه کِه اَوَّلین لوحهٔ حُقوقِ بَشَر است دَر سازمانِ مِلَلِ مُتَّحِد و موزهٔ بریتانیا است. اَصلِ این لوحه دَر موزهٔ مِلّیِ ایران می باشَد. قانون مَربوط بِه تَساوی و اِحترام بِه حُقوقِ مَردُم را ایرانیان دَر زَمانی کِه بِه هَر شَهری می رسیدَند، رویِ سَنگی می نِوِشتَند. بَر رویِ سَنگ نِوِشته هایِ شَهرِ شوش، دَر ایرانِ اِمروز کِه قَدیمی تَرین شَهرِ دُنیا می باشَد، هَنوز هَم آن نِوِشته ها وُجود دارَد. بَر سَردَرِ سازمانِ مِلَلِ مُتَّحِد، شِعری دَربارهٔ تَساویِ هَمهٔ اِنسان ها، اَز شاعِرِ مَعروفِ ایران دَر قَرنِ هَفتُمِ هِجری، سَعدیِ شیرازی نِوِشته شُده است:

بَنی آدَم اَعضایِ یکدیگَرَند   کِه دَر آفَرینِش ز یک گوهَرَند

خَطِّ دوّمِ این شِعر می گویَد: اَگَر یک اِنسان، یَعنی یک عُضوِ جامِعه ناراحَت بِشَوَد، اَعضایِ دیگَرِ جامِعه کِه اَز یک بَدَن هَستَند هَم ناراحَت خواهَند شُد.

چو عُضوی بِه دَرد آوَرَد روزگار   دِگَر عُضوها را نَمانَد قَرار

این هَم پیامِ صُلحِ ایرانیان است.

۱ – مَرزهایِ اِمپراطوریِ ایرانِ باستان کُجا بود؟ ....

۲ – اوّلین قانونِ حُقوقِ بَشَر تَوَسُّطِ چه کَسی نِوشته شُد؟ ....

۳ – لوحهٔ حُقوقِ بَشَر دَر کُجا است؟ ....

۴ – دَر شَهرِ شوش چه آثاری وجود دارد؟ ....

۵ – دَر سَردَرِ سازمانِ مِلَلِ مُتَّحِد چه نِوشته شُده است؟ ....

۶ – مَعنیِ این شِعر چیست؟ ....

۷ – آیا می تَوانید این دو خَطِ شِعر را حِفظ کُنید؟ ....

4. Work in pairs.
Ask and answer questions about your life now and compare it with when you were a child.

Where do you work?	۱ – کُجا کار می کُنی؟
In your childhood where did you use to live?	۲ – دَر بَچِّگی کُجا زِندِگی می کَردید؟
What food do you like?	۳ – چه غَذایی دوست داری؟
What kind of sport do you like?	۴ – چه وَرزِشی دوست داری؟
When you were a child what food did you like?	۵ – بَچِّه بودی چه غَذایی می خوردی؟

5. Think of Britain and write down four things you thought of, and then use:
    'We used to ………'

Grammar Points

Grammar Points

Personal Pronouns

I	مَن
You	تو
He / She	او
We	ما
You	شُما
They	آنها/ایشان

Lesson 2 / Page 20

Sentence Structure

The verb in Persian comes at the end of the sentence.

Subject + Object + Verb = Sentence

Lesson 2 / Page 20

The genetive link "Ezafe" is formed by linking an ـِـ sound to any noun.

My name is Sam. اِسمِ مَن سام اَست.

If the last letter in the word is a long vowel ی comes as a helper for the pronunciation.

If the last letter in the word end with ه , this sign ء goes above the ه and sound ی.

شِنا + ی ← شِنای

مو + ی ← موی

ماهی + ی ← ماهی

شیشه + ۀ ← شیشۀ

Lesson 2 / Page 24

Verb Structure

All the verbs have the same ending in Persian. The simple present is formed by adding personal ending to the present stem of that verb.

The Simple Present of the verb 'to be' - هَست

The Personal Endings + هَست

Lesson 4 / Page 34

مَن		ـَـم	مَن هَستَم	I am
تو		ی	تو هَستی	You are (Singular)
او			او هَست	He/She is
ما	هَست +	یم	ما هَستیم	We are
شُما		ید	شُما هَستید	You are (Plural)
آنها		ـَـند	آنها هَستَند	They are

Lesson 4 / Page 34

Negative Simple Present

Simple Present in the negative (form) of verb 'to be'/ نیست :

I am not   مَن   نیستَم

You are not (Singular)   تو   نیستی

He/She is not   او   نیست

We are not   ما   نیستیم

You are not (Plural)   شُما   نیستید

They are not   آنها   نیستَند

Nationality

The country + "ee" ──────▶ nationality e.g. Iranian

ایرانی   ◀───   ی   +   ایران

اِنگِلیسی   ◀───   ی   +   اِنگِلیس

If the last letter in the word is a long vowel, add an ی before the next letter.

ایتالیایی   ◀───   ی + ی +   ایتالیا

آمریکایی   ◀───   ی + ی +   آمریکا

French is an exception as ه changes to و and then takes ی.

فَرانسه

فَرانسَوی   ◀───   ی + و +   فَرانس

Personal Pronouns

Personal pronouns occur in two forms in Persian, as separate words and as suffixes.

my address	آدرِسَم	آدرِس + ـَـم	آدرِسِ مَن
your address	آدرِسَت	آدرِس + ـَـت	آدرِسِ تو
his / her address	آدرِسَش	آدرِس + ـَـش	آدرِسِ او
our address	آدرِسِمان	آدرِس + ـِـمان	آدرِسِ ما
your address	آدرِسِتان	آدرِس + ـِـتان	آدرِسِ شُما
their address	آدرِسِشان	آدرِس + ـِـشان	آدرِسِ آنها

Lesson 6 / Page 48

'Tashdid' ـّـ

If the last letter in one syllable is the same as the first letter in the next syllable, the repeated letter is written just once and the sign "Tashdid" ـّ goes above the letter.

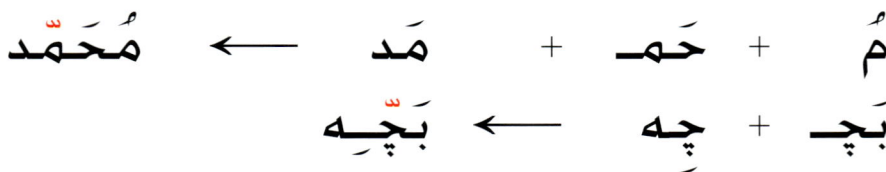

مُ + حَمـ + مَد ← مُحَمَّد

بَچـ + چه ← بَچّه

Lesson 6 / Page 49

Plurals

ها is the plural ending for any object. It can be written either joined or unjoined.

آن + ها ← آنها

این + ها ← اینها

مادَر + ها ← مادَرها

For live objects usually ان is used.

Boys	پِسَر + ان ← پِسَران
Women	زَن + ان ← زَنان
Dogs	سَگ + ان ← سَگان

If the last letter in the word is a long vowel, ی comes as a helper for the pronunciation.

Gentlemen	آقا + ی + ان ← آقایان
Students	دانِشجو + ی + ان ← دانِشجویان

If a noun ends in ه it changes to گ , ان comes after.

Presenter	گوینَده + ان ← گوینَدِگان

There is another kind of plural which is the Arabic 'broken' plural.

Lessons	دُروس	دَرس
Books	کُتُب	کِتاب
Schools	مَدارِس	مَدرِسه

Lesson 7 / Page 59

The Concord of subject and verb

A plural subject, if it denotes human beings and animals, takes a plural verb, otherwise it may take a singular or a plural verb.

He is a doctor.	او یک دُکتُر هَست .
They are doctors.	آنها دُکتُر هَستَند .

Lesson 7 / Page 63

The Simple Present of 'to eat'

The simple present of the verb 'to eat' is formed by adding the personal endings to the present stem 'خور'

For simple present and future, می   works as 'ing' in English.

I eat   می خورَم

The negative is formed by adding the prefix 'نِ' to the positive forms.

I don't eat   نِمی خورَم

Lesson 8 / Page 69

Adjectives

Unlike English, adjectives follow the noun in Persian.

Good girl   دُختَرِ خُوب

Nice room   اُتاقِ زیبا

An 'ezafe' should always be added to the noun.

The indefinite ی :

Good girl   دُختَرِ خُوب

A good girl   دُختَرِ خُوب + ی ← دُختَرِ خُوبی

Indefinite ی always joins the last word.

Good and nice girl   دُختَرِ زیبا و خُوب

A good and a nice girl   دُختَرِ زیبا و خُوب + ی ← دُختَرِ زیبا و خُوبی

Simple Past

The infinitive of verbs ends in ن . The simple past is formed by dropping the ن .

To bring   آوَردَن - آوَرد

To have   داشتَن - داشت

I had two books.   مَن دو کِتاب داشتَم

Lesson 9 / Page 82

Compound Verbs

A simple verb and a noun form compound verbs.

Lesson	دَرس
To read	خوانـدَن
To study	دَرس خوانـدَن
Life	زنـدِگـی
To do	کَـردَن
To live	زنـدِگـی کَـردَن

Lesson 10 / Page 89

Comparative Adjective

The comparative adjective is formed by adding تَر as suffix to adjectives.

Cheap + er = cheaper — اَرزان + تَر ← اَرزان تَر، اَرزانتَر

Exceptions:

Better — خوب + تَر ← بهتَر

More — خیلی + تَر ← بیشتَر

Superlative Adjective

The superlative adjective is formed by adding تَرین as suffix to adjectives.

Small + est = smallest — کوچک + تَرین ← کوچک تَرین

Exceptions:

Best — خوب + تَرین ← بهتَرین

Most — خیلی + تَرین ← بیشتَرین

Comparative adjectives follow the noun, superlative adjectives precede the noun.

Lesson 10 / Page 91

The Particle– را

The specified direct object of the verb is followed by this particle – را

مَن رانَندِگی را دوست دارَم.

Lesson 11 / Page 100

Present Subjunctive

The present subjunctive is formed by prefixing بِ and suffixing personal endings to the present stem.

Personal Endings + Present Stem + بِ

بِ + رِس + ـَـم ⟵ بِرِسَم

Lesson 13 / Page 112

Past Participle

The past participle is formed by adding ـه / ه to the past stem. The past stem for the verb 'to go' رَفتَن is رَفت , by adding ه we have the past participle of this verb 'gone' رَفته.

Seen	دیده	⟵	ه	+	دید
Eaten	خورده	⟵	ه	+	خورد
Come	آمَده	⟵	ه	+	آمَد

Lesson 14 / Page 119

Present Perfect

When we use the present perfect there is always a connection with now. The action in the past has a result now.

Present Perfect is made by:

Past Participle + Personal Endings = Present Perfect

I have bought	اَم	+	خَریده
You have bought	ای	+	خَریده
He/She has bought	است	+	خَریده
We have bought	ایم	+	خَریده
You have bought	اید	+	خَریده
They have bought	اَند	+	خَریده

Lesson 14 / Page 119

Past Perfect

Past Perfect is:

Past Participle + بود + Personal Endings

I had written	نِوِشته بودَم	←	بودَم	نِوِشته +
You had written	نِوِشته بودی	←	بودی	
He/She had written	نِوِشته بود	←	بود	
We had written	نِوِشته بودیم	←	بودیم	
You had written	نِوِشته بودید	←	بودید	
They had written	نِوِشته بودَند	←	بودَند	

Lesson 15 / Page 123

Present Progressive

Present Progressive is:

Personal Endings + Present Stem + Personal Endings + دار

I am eating	دارَم می خورَم	←	می خورَم	+	دارَم	+	مَن
You are eating	داری می خوری	←	می خوری	+	داری	+	تو
He/She is eating	دارَد می خورَد	←	می خورَد	+	دارَد	+	او
We are eating	داریم می خوریم	←	می خوریم	+	داریم	+	ما
You are eating	دارید می خورید	←	می خورید	+	دارید	+	شُما
They are eating	دارَند می خورَند	←	می خورَند	+	دارَند	+	آنها

چکار داری می کُنی؟

۱ – دارَم به سینَما می رَوَم.

۲ – دارَم غذا می خورَم.

۳ – دارَم دَرس می خوانَم.

Lesson 16 / Page 127

Future tense

The present stem of خواستَن followed by the past stem or short infinitive forms the future. The verb خواستَن in the future tense means "will/shall" not "to want".

Present stem خواه as the auxiliary verb without the می followed by the past stem.

I will go	خواهَم رَفت	←	رَفت	+	ـَ م	خواه +
You will go	خواهی رَفت	←	رَفت	+	ای	
He will go	خواهَد رَفت	←	رَفت	+	ـَ د	
We will go	خواهیم رَفت	←	رَفت	+	ایم	
You will go	خواهید رَفت	←	رَفت	+	اید	
They will go	خواهَند رَفت	←	رَفت	+	ـَ ند	

Lesson 17 / Page 130

In the case of compound verbs خواهَم comes after the noun.

I will watch	تَماشا خواهَم کَرد	تَماشا کَردَن
I will study	دَرس خواهَم خواند	دَرس خواندَن

Adding the letter نَـ to the auxiliary verb forms the negative:

I will not see	نَخواهَم دید	←	نَـ + خواهَم دید
I will not study	دَرس نَخواهَم خواند	←	دَرس + نَـ + خواهَم خواند

Past Progressive

The past progressive is formed in the same way as the present progressive. The only difference is that the simple past of داشتَن is used instead of simple present.
The main verb is past continuous.

I was eating	مَن داشتَم می خوردَم	←	مَن + داشتَم + می خوردَم
You were eating	تو داشتی می خوردی	←	تو + داشتی + می خوردی
He was eating	او داشت می خورد	←	او + داشت + می خورد
We were eating	ما داشتیم می خوردیم	←	ما + داشتیم + می خوردیم
You were eating	شُما داشتید می خوردید	←	شُما + داشتید + می خوردید
They were eating	آنها داشتَند می خوردَند	←	آنها + داشتَند + می خوردَند

Lesson 18 / Page 136

Compound Sentences

The past progressive mainly used in compound sentences. It shows two actions at the same time.

I was eating when you rang.

وَقتیکه تو تِلِفُن کَردی مَن داشتَم غَذا می خوردَم.

The teacher was teaching when he came to the class.

وَقتیکه او به کِلاس آمَد مُعَلِّم داشت دَرس می داد.

They were speaking when we went there.

موقِعیکه ما به آنجا رَفتیم آنها داشتَند صُحبَت میکَردَند.

The negative does not take داشتَن Only add prefix نـِ to the past continuous.

Do	Do not
Go to bed.	Don't go to bed.
Stay with us.	Don't stay with us.

Imperative

Singular imperative forms by adding بـ to the present stem.

Plural imperative بـ takes the personal endings as well as the prefix.

Singular	بـ + رو	← بُرو
Plural	بـ + رو + اید	← بِرَوید

Come to our house tomorrow.	فَردا به خانهٔ ما بیا.
Have lunch before noon.	قَبل از ظُهر ناهار بخورید.

Negative Imperative

The negative imperative is formed by adding the prefix نـ to the present stem.

Singular	نـَ + رو	← نَرو
Plural	نَ + رو + اید	← نَرَوید

Do not go there.	به آنجا نَرو.
Do not travel in the summer.	در تابِستان به مُسافِرَت نَرَوید.

Lesson 19 / Page 142

Past Continuous

Adding the prefix مـی to the past stem plus personal endings forms past continuous.

مـی +	رَفت + اَم	←	مـی رَفتَم
	رَفت + ای	←	مـی رَفتی
	رَفت	←	مـی رَفت
	رَفت + ایم	←	مـی رَفتیم
	رَفت + اید	←	مـی رَفتید
	رَفت + اَند	←	مـی رَفتَند

Example:

I used to play tennis ten years ago.	مَن دَه سالِ پیش تِنیس بازی مـی کَردَم.

Lesson 20 / Page 146

Past Subjunctive

Past Subjunctive is:

Personal Endings + باش + Past Participle

I may have seen	دیده باشَم	←	دیده + با شَم
You may have seen	دیده باشی	←	دیده + با شی
He may have seen	دیده باشَد	←	دیده + با شَد
We may have seen	دیده باشیم	←	دیده + با شیم
You may have seen	دیده باشید	←	دیده + با شید
They may have seen	دیده باشَند	←	دیده + با شَند

شاید ما را دیده باشَند

Passive and Active

Passive is:

Personal Endings + شُد + Past Participle

I was seen	دیده شُدَم	←	دیده + شُدَم
You were seen	دیده شُدی	←	دیده + شُدی
He was seen	دیده شُد	←	دیده + شُد
We were seen	دیده شُدیم	←	دیده + شُدیم
You were seen	دیده شُدید	←	دیده + شُدید
They were seen	دیده شُدَند	←	دیده + شُدَند

Passive

Desk was sold.

میز فُروخته شُد

Active

I sold that desk.

من آن میز را فُروختم

Conditional Sentences

The word اَگَر introduces the conditional sentences .

Possible Conditions

1 – Simple Past   +   Simple Present   اگر او رفت. ما می آییم

2 – Simple Subjunctive +   Present Present   اگر او برود ما می آییم

3 – Present Subjunctive +   Future   اگر او برود. ما خواهیم آمد

Impossible Conditions

1 – Past Perfect   +   Past continuous   اگر او را دیده بودم. به او می‌گفتم

2 – Past Continuous   +   Past Continuous   اگر شما را می دیدم. آن را به شما می دادم

Verbs

	Translation	Verb	Past Stem	Present Stem	Past Participle
To	Accept, agree	پَذیرُفتَن	پَذیرُفت	پَذیر	پَذیرُفتِه
To	Agree	قَرار گُذاشتَن	قَرار گُذاشت	قَرار گُذار	قَرار گُذاشتِه
To	Answer	پاسُخ دادَن	پاسُخ داد	پاسُخ دِه	پاسُخ دادِه
To	Arrive	رِسیدَن	رِسید	رِس	رِسیدِه
To	Ask	سوال کَردَن / پُرسیدَن	سوال کَرد/پُرسید	سوال کُن / پُرس	سوال کَردِه / پُرسیدِه
To	Be	بودَن	بود	هَست/است/باش	بودِه
To	Be able, can	تَوانِستَن	تَوانِست	تَوان	تَوانِستِه
To	Be born	بِه دنیا آمَدَن	بِه دنیا آمَد	بِه دُنیا آ	بِه دُنیا آمَدِه
To	Be formed of, to consist	تَشکیل شُدَن	تَشکیل شُد	تَشکیل شو	تَشکیل شُدِه
To	Be located	قَرار داشتَن	قَرار داشت	قَرار دار	قَرار داشتِه
To	Be use	اِستِفادِه شُدَن	اِستِفادِه شُد	اِستِفادِه شو	اِستِفادِه شُدِه
To	Become	شُدَن	شُد	شَو	شُدِه
To	Break	شِکَستَن	شِکَست	شِکَن	شِکَستِه
To	Bring	آوَردَن	آوَرد	آوَر	آوَردِه
To	Build, make	ساخْتَن	ساخت	ساز	ساختِه
To	Burn	سوخْتَن	سوخت	سوز	سوختِه
To	Buy	خَریدَن	خَرید	خَر	خَریدِه
To	Change	تَبدیل کَردَن	تَبدیل کَرد	تَبدیل کُن	تَبدیل کَردِه
To	Clean	تَمیز کَردَن	تَمیز کَرد	تَمیز کُن	تَمیز کَردِه
To	Come	آمَدَن	آمَد	آ	آمَدِه
To	Cook, bake	پُختَن	پُخت	پَز	پُختِه
To	Count	شِمُردَن	شِمُرد	شِمُر	شِمُردِه
To	Cry	گِریستَن	گِریست	گِری	گِریستِه
To	Cut	بُریدَن	بُرید	بُر	بُریدِه

	Translation	Verb	Past Stem	Present Stem	Past Participle
To	Defeat	شِکَست دادَن	شِکَست داد	شِکَست دِه	شِکَست داده
To	Die	مُردَن	مُرد	میر	مُرده
To	Do	کَردَن	کَرد	کُن	کَرده
To	Drink	نوشیدَن	نوشید	نوش	نوشیده
To	Drop, throw	اَنداختَن	اَنداخت	اَنداز	اَنداخته
To	Eat	خوردَن	خورد	خور	خورده
To	Enclose, tie up	بَستَن	بَست	بَند	بَسته
To	Enjoy	لِذَّت بُردَن	لِذَّت بُرد	لِذَّت بَر	لِذَّت بُرده
To	Entertain	پَذیرایی کَردَن	پَذیرایی کَرد	پَذیرایی کُن	پَذیرایی کَرده
To	Entrust, leave	سِپُردَن	سِپُرد	سِپار	سِپُرده
To	Escape	گُریختَن	گُریخت	گُریز	گُریخته
To	Exercise	وَرزِش کَردَن	وَرزِش کَرد	وَرزِش کُن	وَرزِش کَرده
To	Fall	اُفتادَن	اُفتاد	اُف	اُفتاده
To	Fast	روزِه گِرفتَن	روزِه گِرفت	روزِه گیر	روزِه گِرفته
To	Find	پیدا کَردَن - یافتَن	پیدا کَرد - یافت	پیدا کُن - یاب	پیدا کَرده - یافته
To	Gather together	جَمع شُدَن	جَمع شُد	جَمع شو	جَمع شُده
To	Get up	بُلَند شُدَن	بُلَند شُد	بُلَند شو	بُلَند شُده
To	Get up, stand	بَر خاستَن	بَر خاست	بَر خیز	بَرخاسته
To	Give	دادَن	داد	دِه	داده
To	Give, forgive	بَخشودَن	بَخشود	بَخش	بَخشوده
To	Go	رَفتَن	رَفت	رَو	رَفته
To	Grab, take	گِرفتَن	گِرفت	گیر	گِرفته
To	Hate	مُتِنَفِّربودَن	مُتِنَفِّربود	مُتِنَفِّرهَست/باش	مُتِنَفِّربوده
To	Have	داشتَن	داشت	دار	داشته

	Translation	Verb	Past Stem	Present Stem	Past Participle
To	Hear	شِنیدَن	شِنید	شِنو	شِنیدِه
To	Help	کُمَک کَردَن	کُمَک کَرد	کُمَک کُن	کُمَک کَرده
To	Hit, play(instrument)	زَدَن	زَد	زَن	زَده
To	Imagine	پِنداشتَن	پِنداشت	پِندار	پِنداشتِه
To	Increase, add	اَفزودَن	اَفزود	اَفزا	اَفزودِد
To	Intend	تَصمیم داشتَن	تَصمیم داشت	تَصمیم دار	تَصمیم داشتِه
To	Invite	دَعوَت کَردَن	دَعوَت کَرد	دَعوَت کُن	دَعوَت کَرده
To	Join, connect	پیوَستَن	پیوَست	پیوَند	پیوَستِه
To	Kill	کُشتَن	کُشت	کُش	کُشتِه
To	Kiss	بوسیدَن	بوسید	بوس	بوسیدِه
To	Know	دانِستَن	دانِست	دان	دانِستِه
To	Laugh	خَندیدَن	خَندید	خَند	خَندِه
To	Learn	آموختَن	آموخت	آموز	آموختِه
To	Leave	تَرک کَردَن	تَرک کَرد	تَرک کُن	تَرک کَرده
To	Like	دوست داشتَن	دوست داشت	دوست دار	دوست داشتِه
To	Listen	گوش دادَن	گوش داد	گوش دِه	گوش دادِه
To	Look for, search	جُستَن	جُست	جو	جُستِه
To	Love	عِشق وَرزیدَن	عِشق وَرزید	عِشق وَرز	عِشق وَرزَندِه
To	Make	دُرُست کَردَن	دُرُست کَرد	دُرُست کُن	دُرُست کَرده
To	Make it dirty	کَثیف کَردَن	کَثیف کَرد	کَثیف کُن	کَثیف کَرده
To	Open	گُشودَن	گُشود	گُشا	گُشودِه
To	Pass	گُذَشتَن	گُذَشت	گُذَر	گُذَشتِه
To	Pay	پَرداختَن	پَرداخت	پَرداز	پَرداختِه
To	Pick, cut, display	چیدَن	چید	چین	چیدِه

	Translation	Verb	Past Stem	Present Stem	Past Participle
To	Place	نَهادَن	نَهاد	نَه	نَهادِه
To	Put	گُذاشتَن	گُذاشت	گُذار	گُذاشتِه
To	Rain	باریدَن	بارید	بار	باریدِه
To	Read	خواندَن	خواند	خوان	خواندِه
To	Recognize, know	شِناختَن	شِناخت	شِناس	شِناخته
To	Return	بَرگَشتَن	بَرگَشت	بَرگَرد	بَرگَشتِه
To	Rub	مالیدَن	مالید	مال	مالیدِه
To	Run	دَویدَن	دَوید	دو	دَویدِه
To	Save	اَندوختَن	اَندوخت	اَندوز	اَندوختِه
To	Say	گُفتَن	گُفت	گو	گُفته
To	Say (polite form)	فَرمودَن	فَرمود	فَرما	فَرمودِه
To	See	دیدَن	دید	بین	دیدِه
To	Seek, walk around	گَشتَن	گَشت	گَرد	گَشتِه
To	Sell	فُروختَن	فُروخت	فُروش	فُروختِه
To	Send	فِرستادَن	فِرستاد	فِرست	فِرستادِه
To	Sew	دوختَن	دوخت	دوز	دوختِه
To	Shake	تِکان دادَن	تِکان داد	تِکان دِه	تِکان دادِه
To	Show	نِشان دادَن	نِشان داد	نِشان دِه	نِشان دادِه
To	Sit	نِشَستَن	نِشَست	نِشین	نِشَستِه
To	Sleep	خوابیدَن	خوابید	خواب	خوابیدِه
To	Sow, plant	کاشتَن	کاشت	کار	کاشتِه
To	Speak	صُحبَت کَردَن	صُحبَت کَرد	صُحبَت کُن	صُحبَت کَردِه
To	Squeeze	فِشُردَن	فِشُرد	فِشار	فِشُردِه
To	Stand up	ایستادَن	ایستاد	ایست	ایستادِه

	Translation	Verb	Past Stem	Present Stem	Past Participle
To	Stay	ماندَن	ماند	مان	مانده
To	Steal	دُزدیدن	دُزدید	دُزد	دُزدیده
To	Study	دَرس خواندَن	دَرس خواند	دَرس خوان	دَرس خوانده
To	Take, carry away	بُردَن	بُرد	بُر	بُرده
To	Talk	حَرف زَدَن	حَرف زَد	حَرف زَن	حَرف زَده
To	Telephone	تِلِفُن کَردَن	تِلِفُن کَرد	تِلِفُن کُن	تِلِفُن کَرده
To	Think	فِکر کَردَن	فِکر کَرد	فِکر کُن	فِکر کَرده
To	Translate	تَرجُمه کَردَن	تَرجُمه کَرد	تَرجُمه کُن	تَرجُمه کَرده
To	Travel	سَفَر کَردَن	سَفَر کَرد	سَفَر کُن	سَفَر کَرده
To	Treat, cure	دَرمان کَردَن	دَرمان کَرد	دَرمان کُن	دَرمان کَرده
To	Use	اِستِفاده کَردَن	اِستِفاده کَرد	اِستِفاده کُن	اِستِفاده کَرده
To	Wake up	بیدار شُدَن	بیدار شُد	بیدار شو	بیدار شُده
To	Want	خواستَن	خواست	خواه	خواسته
To	Wash	شُستَن	شُست	شو	شُسته
To	Wear	پوشیدَن	پوشید	پوش	پوشیده
To	Work	کار کَردَن	کار کَرد	کار کُن	کارکَرده
To	Write	نِوِشتَن	نِوِشت	نِویس	نِوِشته

Dictionary

Persian - English

Persian - English

الف

now	آلان	water	آب
of course	اَلبَتّه	fruit juice	آب میوه
empire	اِمپِراطوری	flat	آپارتمان
today	اِمروز	works / monuments	آثار
this year	اِمسال	weekend	آخرهَفته
human	اِنسان	address	آدرس
England	اِنگِلستان	hairdresser	آرایشگَر
grapes	اَنگور	freedom	آزادی
from	اَهل	kitchen	آشپَزخانه
first	اَوّل / اوّلین	to cook	آشپَزی کَردَن - کُن
Italy	ایتالیا	creation	آفَرینش
Iran	ایران	mister	آقا
this	این	Germany	آلمان
		America	آمریکا
		American	آمریکایی
		that	آن
		there	آنجا
		to sing	آواز خواندَن
		to bring	آوردَن - آوَر
		hanging	آویزان
		future	آینده
		eyebrow	اَبرو
		cloudy	اَبری
		room	اُتاق
		bedroom	اُتاق خواب
		living room	اُتاق نشیمَن
		car	اُتومُبیل
		to continue	اِدامه دادن
		of / from	از
		to marry	اِزدواج کَردَن
		Spain	اِسپانیا
		master / professor / lecturer	اُستاد
		is	اَست
		name	اِسم
		he / She	او
		they	آنها / ایشان
		to rest	اِستِراحَت کَردَن
		original	اَصل
		to add	اِضافه کَردَن
		around	اَطراف
		organ / members	اَعضا
		action	اقدام
		if	اَگر

ب

business	بازِرگانی
to play	بازی کَردَن
ancient	باستان
above	بالای
must	بایَد
excuse me	بِبَخشید
childish / children	بَچِّگانه
childhood	بَچِّگی
children	بَچّه ها
a part	بَخشی
brother	بَرادَر
for	برای
obtain	بَرقَرار کَردَن
to return	بَرگَشتَن - بَرگَرد
insurance certificate	بَرگهٔ بیمه
programme	بَرنامِه
Britannia	بریتانیا
big / large	بُزُرگ
biggest / largest	بُزُرگ تَرین
ice cream	بَستَنی
plate	بُشقاب
completely	بطورکامِل
after / then	بَعد
after / then	بَعداً
afternoon	بَعدازظُهر
as	بِعُنوان
help yourself	بِفَرمایید
to know	بَلَد بودَن
blouse	بُلوز

equality	تَساوی
to thank	تَشَکُر کَردَن
accident	تَصادُف
vacation	تَعطیلات
watch	تَماشا کَردَن - کُن
finish	تَمام شُدَن
tehran	تِهران
you	تو
strawberry	توت فَرَنگی
by	تَوَسُط
toman (Iranian currency)	تومان
inside	توی
telephone	تِلِفُن

ج

to have a place	جا داشتَن - دار
interesting	جالِب
society	جامعه
box	جَعبه
in front	جلوی
to save / to add	جَمع کَردَن
Friday	جُمعه
south	جُنوب
answer	جَواب
socks	جوراب

چ

fat	چاق
knife	چاقو
tea	چای / چایی
left	چَپ
light	چِراغ
traffic lights	چِراغ قِرمِز
fat	چَرب / چَربی
no problem	چَشم
eye	چَشم
how	چِطور
how much / how long	چِقَدر
how long	چِقَدر راد
how	چِگونه
how many	چَند
fork	چَنگال
fourteenth	چِهاردَهُم
junction	چهارراه
forty	چِهِل

ticket	بِلیط
therefore / so	بِنابَراین
human being	بَنی آدَم
enough	بِه اَندازه کافی
to be born	بِه دنیا آمدن
twenty	بیست
before / more than	بیش از
ill / sick	بیمار
hospital	بیمارِستان
insurance	بیمِه
nose	بینی

پ

foot / leg	پا
last year	پارسال
park	پارک
over coat	پالتو
father	پِدَر
full	پُر
orange	پُرتِقال
to ask	پُرسیدَن
flight	پَرواز
post office	پُستخانِه
son / boy	پِسَر
house number	پِلاک
rice	پُلو
police	پُلیس
fifty	پَنجاه
window	پنجره
Thursday	پَنجشَنبه
wear	پوشیدن
money	پول
message	پیام
pizza	پیتزا
turn	پیچیدَن - پیچ
shirt / dress	پیراهَن
before / ago / to	پیش

ت

summer	تابِستان
frame / picture	تابلو
history	تاریخ
bed	تَختخواب
eggs	تُخم مُرغ
to be afraid	تَرسیدَن

crisps	چیپس
what	چی

ح

health	حال
now	حالا
pregnant	حامِله
about / around	حُدود
to move / to leave	حَرکَت کَردَن - کُن
to memorize / to keep	حِفظ کَردن
right, law	حُقوق
human rights	حُقوقِ بَشَر
bathroom	حَمّام
garden	حَیاط

خ

Mrs / wife	خانُم
house	خانه
housewife	خانه دار
family	خانوادِه
goodbye	خداحافِظ
break down	خراب شدن
shopping	خَرید
buy	خَریدَن - خَر
Persian Gulf	خلیج فارس
laugh	خَندیدَن - خَند
dormitory	خوابگاه
script / line	خَط
quite	خَلوَت
sleep	خوابیدَن - خواب
want	خواستَن - خواه
sister	خواهَر
fine / good	خوب
eat	خوردَن - خور
stew	خورِشت
lucky	خوش شانس
nice to meet you	خوشوَقتَم
to have a pleasant time	خوش گُذَشتَن
fortunately	خوشبَختانه
happy	خوشحال
cheerful	خوشرو
road / street / avenue	خیابان
very	خیلی

د

give	دادَن - دِه
skirt	دامَن
know	دانِستَن - دان
student	دانِشجو
university	دانِشگاه
daughter / girl	دُختَر
in / door	دَر
about	دَرباره
level / grade	دَرَجه
at the present	دَرحالِ حاضِر
pain	دَرد
to have pain	دَرد گِرفتَن / داشتَن / کَردن
Caspian Sea	دَریایِ خَزَر
Black Sea	دَریایِ سیاه
hand	دَست
thank you	دَست شُما دَرد نَکُنَد
toilet	دَستشویی
invite	دَعوَت کَردَن
doctor	دُکتُر
another	دِگر
stomach-ache	دِل دَرد
after	دُنبال
tooth	دَندان
mouth	دَهان
again	دوباره
course	دوره
friend	دوست
like	دوست داشتَن - دار
shower	دوش
yesterday	دیروز
pan	دیگ
other	دیگَر
wall	دیوار

ر

drive	رانَندگی کَردَن - کُن
taxi driver	رانَنده تاکسی
far away	راهِ دور
corridor	راهرو
diet	رژیم
arrive	رسیدَن - رس
go	رَفتَن - رَو
Roudsar (a city in Iran)	رودسَر

age	سِن
stone	سَنگ
petrographic	سَنگ نِوشته
three seats	سه نَفره
super market	سوپرمارکت
sausages	سوسیس
third	سِوّم
thirty	سی
apple	سیب
smoke	سیگار کِشیدَن - کِش
cinema	سینَما

ش

poet	شاعِر
dinner	شام
kings	شاهان
witness	شاهِد
become	شُدَن - شَو
east	شَرق
start	شُروع شُدَن
wash	شُستَن
sixty	شَصت
poem	شِعر
job / occupation	شُغل
trousers	شَلوار
busy / noisy / crowded	شُلوغ
number	شُماره
you	شُما
north	شُمال
swim	شِناکَردَن
saturday	شَنبه
city	شَهر
husband	شوهَر
milk	شیر
chemistry	شیمی

ص

that's very nice of you	صاحِبَش قابِل دارَد
good morning	صُبح بِخیر
breakfast	صُبحانه
to speak / talk	صُحبَت کَردَن
hundred	صَد
peace	صُلح
chair	صَندَلی
face	صورَت

good day	روز بِخیر
day ago	روزِ پیش
life	روزگار

ز

birth giving	زایِمان
language	زَبان
time	زَمان
winter	زِمِستان
wife / woman	زَن
female	زَنانه
live	زِندِگی کَردَن - کُن
early	زود
earlier	زودتَر
under	زیر
loft	زیرِ شیروانی

ژ

japan	ژاپُن
cardigan	ژاکَت

س

beach	ساحِل
simple	ساده
The United Nations	سازمان مِلَلِ مُتَحِد
time / clock / watch	ساعَت
year	سال
salad	سالاد
healthy	سالِم
sandwich	ساندِویچ
head	سَر
thank you to you	سَرِ شُما دَرد نَکُنَد
cold	سَرد
entrance	سَردَر
to cough	سُرفه کَردَن
at work	سَرکار
hobby	سَرگَرمی
to have cold	سَرماخوردَن
on the corner	سَرِ نَبش
journey / trip / travel	سَفَر
have a nice trip	سَفَر بِخیر
hello	سَلام
Sa'di Shirazi (a great poet)	سَعدی شیرازی

ض

ضِمناً	also

ط

طَرَف	around
طول کِشیدَن - کِش	to take time

ظ

ظرف	dish
ظرفشوئی	dishwasher

ع

عَرَبی	Arabic
عَصر بِخیر	good evening
عُضو	member / organ
عَکس	picture
عینَک زَدَن	to wear glasses

غ

غَذا	food
غَذا خوردَن - خور	eating
غَرب	west
غِیر از	a part from

ف

فامیلی	surname
فارسی	Persian
فَرانسه	France
فَرانسوی	French
فَردا	tomorrow
فَرش	carpet
فُرودگاه	airport
فُروشَندِه	shop assistant
فَقَط	Only
فِکرکَردَن	to think
فَهمیدَن - فَهم	know / understand
فوتبال	football
فِوریه	February
فوق لیسانس	masters
فیزیک	physics

ق

قابِلی نَدارَد	don't mention it
قارچ	mushroom
قاشُق	spoon
قانون	law
قَبل	before
قِدمَت	age
قَدیم	old days
قَرار	stability
قُرص	tablet
قَرن	century
قَشَنگ	beautiful
قَفَسِه	shelf
قَند	sugar
قَهوه	coffee
قَوی شُدَن	to become strong

ک

کابینِت	cabinet
کار	job
کار کَردَن - کُن	to work
کاناپه	sofa
کُت	jacket
کُت شَلوار	suit
کِتاب	book
کِتاب خواندَن - خوان	to read book
کِتابخانه	library
کِتابفُروشی	bookshop
کُجا	where
کُدام	which
کَسانی	some people
کِشو	drawer
کِشوَر	country
کَفش	shoes
کُمُد	wardrobe
کَمی	a little
کِنار	next to
کِنار دریا	seaside
که	that / when / which / who
کوچَک تَر	smaller
کوچه	small road / street
کوروش کَبیر	Cyrus the Great
کوکا	coke
کِی	when
کی	who
کِیک	cake
کیلو	kilo

گ

گاهی sometimes
گُذَرنامِه passport
گُذَشتِه past
گُفتَن - گو say
گُلابی pear
گوجِه فَرَنگی tomato
گوش ear
گوش کَردَن to listen
گوشت meat
گوهَر same seed
گیتارزدَن - زَن to play guitar
گیلاس cherry

ل

لاغَر slim
لِباس clothes
لِذَّت بُردَن to enjoy
لُغات vocabulary
لوبیا bean
لولِه cylinder
لیوان glass

م

ما we
مَن I
مادَر mother
ماشین car
مال mine / belonging
ماه month
ماهیتابِه frying pan
مُبل armchair
مُبلمان furniture
مُتَأسِفانه unfortunately
مُتَخَصِص specialist
مُجَرَّد single
مَدرِسِه school
مُدیر manager
مُدیریَّت management
مَربوط related
مَردانه male
مَرز border
مِرسی thank you
مَرکَز centre
مُسافِرت holiday / travel
مُستَقیم straight
مَسجِد mosque
مُسَکِّن painkiller
مُشَخَصات details
مُشکِل problem
مِصر Egypt
مَطَب surgery
معاینِه exam
مَعروف famous
مُعَلِّم teacher
مَعمولاً (ن = اً) usually / normally
مَعنی meaning
مُقابِل facing
ملاقات کَردَن to visit
مِلّی national
مَمنون thank you
مُنشی secretary
مُوز banana
موزِه museum
موقِعی کِه when
موکت fitted carpet
می دانی do you know
میز desk / table
میوِه fruit

ن

ناراحَت بودَن upset
ناراحَت شُدَن to become upset
ناگَهان suddenly
نام name
نامِه letter
ناهار lunch
نَزدیک near
نَقّاش painter
نَقّاشی painting
نَوَد ninety
نوشابِه soft drink
نِوِشتَن - نِویس to write
نوشیدَنی drink
نیمِه وَقت part time

و

وَ and
واقِعاً really

parents	والِدین
volleyball	والیبال
bath	وان
exist / there is	وجود داشتن
tools / things	وَسایل
to make an appointment	وَقت دادَن / گِرفتَن
when	وَقتیکِه
solicitor	وَکیل

ه

of the Muslim era	هِجری
thousand	هِزار
I am	هَستَم
eighty	هَشتاد
seventy	هَفتاد
week	هَفتِه
peach	هُلو
also	هَم
always	هَمیشه
India	هِندوستان
art	هُنَر
actor / actress	هُنَرپیشِه
still	هَنوز
weather	هَوا
never	هیچوَقت

ی

learn	یاد گِرفتَن - گیر
means	یَعنی
one way / two way	یِک سَره / دو سَره
one the other	یکدیگر

Dictionary

English - Persian

A

a little	کَمی
a part	بَخشی
apart from	غِیر از
about	دَرباره
about / around	حُدود
above	بالای
accident	تَصادُف
action	اِقدام
actor / actress	هُنَر پیشِه
add	اِضافِه کَردَن
address	آدرس
afraid	تَرسیدَن - تَرس
after	دُنبال
after / then	بَعد
afternoon	بَعدازظُهر
again	دوبارد
age	سِن
age / antiquity	قِدمَت
airport	فُرودگاه
also	ضِمناً / هَم / هَمچِنین
always	هَمیشه
America	آمریکا
American	آمریکایر
ancient	باستان
and	وَ
another	دِگر
answer	جَواب
apple	سیب
arabic	عَرَبی
armchair	مُبل
arrive	رسیدَن - رِس
art	هُنَر
as	بعُنوان
ask	پُرسیدَن - پُرس
at the present	دَرحالِ حاضِر
at work	سَرکار

B

banana	مُوز
bath	وان
bathroom	حَمّام
beach	ساحِل
bean	لوبیا

beautiful	قَشَنگ
be born (to)	به دنیا آمدن
become	شُدَن - شَو
bed	تَختِخواب
bedroom	اُتاق خواب
before / more than	بیش از
before	قَبل
before / ago / to	پیش
big / large	بُزرگ
biggest / largest	بُزرگ تَرین
birth giving	زایمان
Black Sea	دریای سیاه
blouse	بُلوز
book	کِتاب
bookshop	کِتابفُروشی
border	مَرز
box	جَعبه
break down	خَراب شُدن
breakfast	صُبحانِه
bring	آوردَن - آوَر
Britannia	بریتانیا
brother	بَرادَر
business	بازَرگانی
busy / crowded	شُلوغ
buy	خَریدن - خَر
by	تَوَسُط

C

cabinet	کابینت
cake	کِیک
car	اُتومُبیل
car	ماشین
cardigan	ژاکَت
carpet	فَرش
Caspian Sea	دَریای خَزَر
centre	مَرکَز
century	قَرن
chair	صَندَلی
cheerful	خوشرو
chemistry	شیمی
cherry	گِیلاس
childhood	بَچِّگی
childish / children	بَچِّگانه
children	بَچّه ها
cinema	سینَما

Cyrus the Great	کوروش کَبیر
city	شَهر
clothes	لِباس
cloudy	اَبری
coffee	قَهوه
coke	کوکا
cold	سَرد
completely	بِطورکامِل
continue	اِدامه دادَن
cook	آشپَزی کَردَن - کُن
corridor	راهرو
cough	سُرفه کَردَن
country	کِشوَر
course	دوره
creation	آفَرینِش
crisps	چیپس
curtain	پَرده
cylinder	لوحه

D

daughter / girl	دُختَر
day ago	روز پیش
desk / table	میز
details	مُشَخَصات
diet	رژیم
dinner	شام
dish	ظَرف
dishwasher	ظَرفشوئی
do you know	می دانی
doctor	دُکتُر
don’t mention it	قابِلی نَدارَد
dormitory	خوابگاه
drawer	کِشو
drink	نوشیدَنی
drive	رانَندگی کَردَن - کُن

E

ear	گوش
earlier	زودتَر
early	زود
east	شَرق
eat	خوردَن - خور
eating	غَذا خوردَن - خور
eggs	تُخم مُرغ
Egypt	مِصر
eighty	هَشتاد
empire	اِمپراطوری
England	اِنگِلستان
enjoy	لِذَّت بُردَن
enough	به اَندازه کافی
entrance	سَردَر
equality	تَساوی
exam	مُعایِنه
excuse me	وجود داشتَن
exist / there is	اِدامه دادَن
eye	چَشم
eyebrow	اَبرو

F

face	صورَت
facing	مُقابِل
family	خانِواده
family name	نام خانِوادِگی
famous	مَعروف
far away	راهِ دور
fat	چاق
fat	چَربی / چَرب
father	پِدَر
February	فِوریه
feel	حِس کَردَن
female	زَنانه
fifty	پَنجاه
fine, good	خوب
finish	تَمام شُدَن
first	اَوَّل / اوّلین
fitted carpet	موکِت
flat	آپارتِمان
flight	پَرواز
food	غَذا
foot / leg	پا
football	فوتبال
for	برای
fork	چَنگال
fortunately	خوشبَختانه
forty	چِهِل
fourteen	چِهاردَهُم
frame / picture	تابلو
France	فَرانسه
freedom	آزادی
French	فَرانسوی

Friday	جُمعه
friend	دوست
from	اَهل
fruit	میوه
fruit juice	آب میوه
frying pan	ماهیتابه
full	پُر
furniture	مُبلِمان
future	آیَندِه

G

garden	حَیاط
Germany	آلمان
give	دادَن - دِه
glass	لیوان
go	رَفتَن - رَو
good day	روز بخیر
good evening	عَصر بخیر
good morning	صُبح بخیر
goodbye	خداحافِظ
grapes	اَنگور

H

hairdresser	آرایشگَر
hamburger	هَمبِرگِر
hand	دَست
hanging	آویزان
happy	خوشحال
have	داشتَن - دار
have a cold (to)	سَرما خوردَن
have a nice trip	سَفَر بخیر
have a pleasant time (to)	خوش گُذَشتَن
have a seat	جا داشتَن - دار
have rest	استِراحَت کَردَن
he / She	او
head	سَر
head-ache	سَردَرد
health / State	حال
healthy	سالِم
hello	سَلام
help yourself	بِفَرمایید
history	تاریخ
hobby	سَرگَرمی
holiday / travel	مُسافِرَت
hospital	بیمارستان
house	خانه
house number	پلاک
housewife	خانِه دار
how	چطور
how	چگونِه
how long / how far	چِقَدر راه
how many	چَند
how much / long	چِقَدر
human	اِنسان
human being	بَنی آدَم
human rights	حُقوق بَشَر
hundred	صَد
husband	شوهَر

I

I	مَن
I am	هَستَم
ice cream	بَستَنی
if	اَگَر
ill / sick	بیمار
in / door	دَر
in front	جلوی
India	هِندوستان
inside	توی
insurance	بیمِه
insurance certificate	بَرگهٔ
interesting	جالِب
invite	دِعوَت کَردَن
Iran	ایران
is	اَست
Italy	ایتالیا

J

jacket	کُت
Japan	ژاپُن
jewel	گوهَر
job / occupation	کار / شُغل
journey / trip	سَفَر
junction	چهارراه

K

kilo	کیلو
kings	شاهان
kitchen	آشپَزخانِه
knife	چاقو

know دانِستَن - دان
know / understand فَهمیدَن - فَهم

L

language زَبان
last year پارسال
laugh خَندیدَن - خَند
law قانون
learn یاد گِرفتَن - گیر
left چَپ
letter نامِه
level / grade دَرَجه
library کِتابخانه
life روزگار
like دوست داشتَن - دار
listen گوش کَردَن
live زِندگی کَردَن - کُن
living room اُتاق نِشیمَن
loft زیر شیروانی
lucky خوش شانس
lunch ناهار

M

make an appointment (to) وَقت دادَن / گِرفتَن
masters فوق لیسانس
male مَردانه
management مُدیریَّت
manager مُدیر
marry اِزدِواج کَردَن
master / professor / lecturer اُستاد
meaning مَعنی
means یَعنی
meat گوشت
member / organ عُضو
to memorize حِفظ کَردن
message پیام
milk شیر
mine / belonging مال
mister آقا
money پول
month ماه
mosque مَسجِد
mother مادَر
move / to leave (to) حَرکَت کردن - کُن
mouth دَهان
Mrs / wife خانُم
museum موزِه
mushroom قارچ
must بایَد

N

name اِسم
name نام
national مِلّی
near نَزدیک
never هیچوَقت
next to کِنار
nice to meet you خوشوَقتَم
ninety نَوَد
no problem چَشم
north شُمال
nose بینی
now اَلان
now حالا
number شُماره

O

obtain بَرقَرار کَردَن
of / from اَز
of course اَلبَتّه
of the Muslim era هِجری
old days قَدیم
on the corner سَرِنَبش
one the other یکدیگر
one way / two way یِک سَره / دو سَره
only فَقَط
orange پُرتِقال
organ / members اَعضا
original اَصل
other دیگَر
over coat پالتو

P

pain دَرد
painkiller مُسَکِّن
painter نَقّاش
painting نَقّاشی
pan دیگ
parents والِدین
park پارک

part - time نیمه وَقت
passport گُذَرنامه
past گُذَشته
peace صُلح
peach هُلو
pear گُلابی
Persian فارسی
Persian Gulf خلیج فارس
petrographic سَنگ نِوشته
physics فیزیک
picture عَکس
pizza پیتزا
plate بُشقاب
play بازی کَردَن
play guitar (to) گیتارزدَن - زَن
poem شِعر
poet شاعِر
police پُلیس
post office پُستخانه
pregnant حامِله
problem مُشکِل
program بَرنامه

Q

question سوال
quite خَلوَت

R

read a book (to) کِتاب خواندَن - خوان
really واقِعاً
related مَربوط
return بَرگَشتَن - بَرگَرد
rice پُلو
right / law حُقوق
road / street / avenue خیابان
room اُتاق
Roudsar (a city in Iran) رودسَر

S

salad سالاد
Sa'di Shirazi (a great poet) سَعدی شیرازی
sandwich ساندِویچ
Saturday شَنبه
save / to add (to) جَمع کَردَن
sausages سوسیس
say گُفتَن - گو
school مَدرِسه
script / line خَط
seaside کِنار دریا
secretary مُنشی
seventy هَفتاد
shelf قَفَسه
shirt / dress پیراهَن
shoes کَفش
shop assistant فُروشَنده
shopping خَرید
shower دوش
simple ساده
sing آواز خواندَن
single مُجَرَّد
sister خواهَر
sixty شَصت
skirt دامَن
sleep خوابیدَن - خواب
slim لاغَر
small road / street کوچه
smaller کوچَک تَر
smoke سیگار کِشیدَن - کِش
society جامعه
socks جُوراب
sofa کاناپه
soft drink نوشابه
solicitor وَکیل
some people کَسانی
sometimes گاهی
son / boy پِسَر
south جُنوب
Spain اِسپانیا
speak / talk (to) صُحبَت کَردَن
specialist مُتِخَصِص
spoon قاشُق
stability قَرار
start شُروع شُدَن
stew خورِشت
still هَنوز
stomach-ache دِل دَرد
stone سَنگ
straight مُستَقیم
strawberry توت فَرَنگی
strong قَوی شُدَن

student	دانِشجو
suddenly	ناگَهان
sugar	قَند
suit	کُت شَلوار
summer	تابِستان
super market	سوپرمارکِت
surgery	مَطَب
surname	فامیلی
swim	شِناکَردَن

T

tablet	قُرص
taxi driver	رانَنده تاکسی
take time (to)	طول کِشیدَن - کش
tea	چایی
teacher	مُعَلِّم
Tehran	تِهران
telephone	تِلِفُن
thank (to)	تَشَکُر کَردَن
thank you	مِرسی / مَمنون
thank you	دَست شُما دَرد نَکُنَد
thank you to you	سَر شُما دَرد نَکُنَد
that	آن
that / when / which / who	که
that's very nice of you	صاحِبَش قابِل دارَد
The United Nations	سازمان مِلَل مُتَحِد
then	بَعداً
there	آنجا
therefore / so	بَنابَراین
they	آنها / ایشان
to think	فِکرکَردَن
third	سِوّم
thirty	سی
this	این
this year	اِمسال
thousand	هِزار
three seats	سه نَفَره
Thursday	پَنجشَنبه
ticket	بِلیط
time	زَمان
time / clock / watch	ساعَت
today	اِمروز
toilet	دَستشویی
toman (Iranian currency)	تومان
tomato	گوجه فَرَنگی
tomorrow	فَردا
tools / things	وَسایِل
tooth	دَندان
traffic lights	چراغ قِرمِز
trip / travel	سَفَر
trousers	شَلوار
turn	پیچیدَن - پیچ
twenty	بیست

U

under	زیر
unfortunately	مُتَأسِفانه
university	دانِشگاه
upset	ناراحَت بودَن
usually, normally	مَعمولاً

V

vacation / holiday	تَعطیلات
very	خیلی
visit	مُلاقات کَردَن
vocabulary	لُغات
volleyball	والیبال

W

wall	دیوار
want	خواستَن - خواه
wardrobe	کُمُد
wash	شُستَن
watch	تَماشا کَردَن - کُن
wear glasses (to)	عینَک زَدَن
water	آب
we	ما
wear	پوشیدن
weather	هَوا
week	هَفته
weekend	آخِرهَفته
west	غَرب
what	چی
when	کِی
when	موقِعی که / وَقتیکِه
where	کُجا
which	کُدام
who	کی
wife / woman	زَن
window	پَنجِره

winter	زِمِستان
witness	شاهِد
work (to)	کار کَردَن - کُن
works / monuments	آثار
write (to)	نِوِشتَن - نویس

Y

year	سال
yesterday	دیروز
you	تُو / شُما